DIE DDR

GW01424207

JENS SCHÖNE

DIE DDR

EINE GESCHICHTE DES »ARBEITER- UND BAUERNSTAATES«

BERLIN STORY VERLAG

IMPRESSUM

4

Schöne, Jens:
Die DDR – Eine Geschichte des »Arbeiter- und Bauernstaates«
1. Auflage — Berlin: Berlin Story Verlag 2014
ISBN 978-3-95723-019-5

© Berlin Story Verlag GmbH
Unter den Linden 40, 10117 Berlin
Tel.: (030) 20 91 17 80
Fax: (030) 69 20 04 059
www.BerlinStory.de, E-Mail: Service@BerlinStory.de
Bildredaktion, Umschlag und Satz: Norman Bösch

WWW.BERLINSTORY-VERLAG.DE

INHALT

DEUTSCHE
DEMOKRATISCHE
REPUBLIK

PROLOG
DIE DDR IM RÜCKBLICK

Ost-Berlin, 2. Oktober 1988, abends. Die Werner-Seelenbinder-Halle im Stadtbezirk Prenzlauer Berg wird von tausenden Menschen umlagert. Die Stimmung ist aufgekratzt und heiter zugleich, denn hier findet ein Ereignis statt, das lange als unmöglich galt. Wie schon am Abend zuvor gibt Rio Reiser ein Konzert. Der Sänger aus der benachbarten Bundesrepublik genoss Kultstatus. In den 1970er Jahren war er mit seiner Band »Ton Steine Scherben« berühmt geworden. Deren Songs trafen auch in der DDR den Nerv der Leute. »Macht kaputt, was euch kaputtmacht« oder »Keine Macht für Niemand« waren universelle Schlachtrufe, auf beiden Seiten der innerdeutschen Grenze. Seit einiger Zeit verfolgte Reiser eine Solokarriere – und dies ebenfalls mit großem Erfolg. Er war, in Anlehnung an einen seiner Hits, schlicht und ergreifend der »König von Deutschland«.

Nun trat er in der DDR auf. Lange Zeit hatten sich die Machthaber gegen jegliche Einflüsse aus dem Westen gesträubt, doch zunehmend sahen sie sich gezwungen, der Jugend des Landes mehr zu bieten als alltägliche Propagandafloskeln und staatlich reglementierte Rockmusik. Unter diesen Vorzeichen hatten bereits Udo Lindenberg, Bob Dylan, Bruce Springsteen und andere Größen eine Auftrittsgenehmigung im »Arbeiter- und Bauernstaat« erhalten; jetzt folgte Rio Reiser. Er begeisterte sein Publikum, die Halle tobte. Das Konzert neigte sich bereits dem Ende entgegen, als der Sänger einen alten Song von »Ton Steine Scherben« anstimmte: »Der Traum ist aus«. Reiser sinnierte in dem Lied darüber, dass er eine

Menge Träume gehabt habe, die alle irgendwie nicht in Erfül-
lung gegangen seien. Dann kam die Frage: »Gibt es ein Land
auf der Erde, wo der Traum Wirklichkeit ist?« Und weiter:
»Ich weiß nur eins, und da bin ich sicher…«

Was daraufhin geschah, charakterisiert die Situation in der
späten DDR treffender, als es jede historische Analyse vermag.
Das ohnehin äußerst lebhafte Publikum geriet in Ekstase, der
Geräuschpegel explodierte und aus tausenden Kehlen schmet-
terte es: »… dieses Land ist es nicht, dieses Land ist es nicht!«

^ *Für die Fans ein Heilsbringer, für die DDR ein Vorbote des
Untergangs: Rio Reiser in der Ost-Berliner Seelenbinder-Halle.*

Ohne eine Spur von Zweifel wussten alle Beteiligten, wer mit dieser Klage gemeint war: die DDR höchstselbst. Genau zwei Jahre später sollte das Land den letzten Tag seiner Existenz erleben.

Noch aber war es nicht so weit. So gut wie nichts deutete zu diesem Zeitpunkt darauf hin, dass es innerhalb kurzer Zeit zu grundlegenden Veränderungen kommen würde. Seit mehr als vierzig Jahren regierte die Sozialistische Einheitspartei Deutschlands (SED) auf dem Territorium der DDR und sie dachte nicht im Geringsten daran, an diesem Zustand etwas zu ändern. Dafür gab es Gründe. Der wichtigste: Die Partei wähnte sich auf einer historischen Mission, die die Menschheit in eine strahlende Zukunft führen würde. Gestützt auf ihre Ideologie, den Marxismus-Leninismus, strebte sie zum Kommunismus. Platz für Zweifel gab es dabei nicht. Die SED verstand sich als »Vorhut« der Arbeiterklasse, als jene Avantgarde, die den Massen einen alternativlosen Weg wies. Mit diesem Anspruch trat sie in Folge des Zweiten Weltkrieges an und sie gab ihn nie wieder auf.

Die Deutsche Demokratische Republik, kurz DDR, war eine Diktatur. Anders als mitunter behauptet, ist das keine nachträgliche Zuschreibung. Jedes ostdeutsche Kind lernte in der Schule, dass in seinem Land eine der besten Herrschaftsformen überhaupt bestehe: die Diktatur des Proletariats. Diese Diktatur müsse in harten Auseinandersetzungen, auf dem Wege des Klassenkampfes, errichtet und fortan gegen alle Feinde verteidigt werden. Da die Partei, die SED, stets Recht habe, könne jede Fehlentwicklung, jedes Problem nur von Klassenfeinden inszeniert worden sein. Dem galt es mit Entschiedenheit entgegenzutreten. Aus dieser Grundüberzeugung folgte notwendigerweise, dass jegliches Abweichen von der offiziell vorgegebenen Linie unter Strafandrohung stand. Mit allen Mitteln einer Diktatur verteidigte die Partei ihre politische Machtposition: Menschenrechte wurden beschnitten, die Wahlen manipuliert, Presse und Medien zensiert. Und über alles wachte drohend die Geheimpolizei: das Ministerium für Staatssicherheit (MfS).

Diese Mechanismen der Herrschaftssicherung sind seit der Friedlichen Revolution von 1989/90 vielfach beschrieben und diskutiert worden. Das war notwendig und richtig. Gleichwohl kann so allein nicht erklärt werden, warum die DDR über vierzig Jahre hinweg existierte. Denn die SED war nicht allmäch-

tig, die Staatssicherheit nicht allgegenwärtig und das Land kein allumfassendes Gefängnis, in dem es nur graue Tage und tiefe Traurigkeit gab. Genauso wenig wäre es angemessen, die Geschichte der DDR nur als Geschichte ihres Niederganges zu deuten. Der Umstand, dass sie 1990 sang- und klanglos von der Bildfläche verschwand, rechtfertigt nicht die Annahme, alles sei von Anfang an auf diesen Punkt zugelaufen.

Was also, so muss man fragen, führte dazu, dass der selbst ernannte »Arbeiter- und Bauernstaat« trotz aller Widersprüche und Widerstände vier Jahrzehnte lang mehr oder weniger fester Bestandteil der Weltgemeinschaft war, zwischenzeitlich auf beachtliche Erfolge verweisen konnte und dann doch eruptiv vom eigenen Volk hinweggefegt wurde? Oder anders gefragt: Was veranlasste die Bewohner der DDR, jenseits von Opportunismus und Repression am Werden und Wachsen des Staates mitzuwirken oder diese Prozesse zumindest unwidersprochen hinzunehmen? Wann und warum verloren die Menschen schließlich das Interesse daran und entschieden sich, einen gänzlich anderen Weg zu gehen, was zugleich das Ende der DDR bedeutete?

Diese Fragen bilden den Hintergrund der folgenden Ausführungen. Entlang markanter Daten der DDR-Geschichte werden die Entstehung, die Entwicklung, der Niedergang und der Zusammenbruch des Landes chronologisch beschrieben. Zugleich wird geschildert, was diese Prozesse für den Einzelnen bedeuten konnten, warum er oder sie sich engagierte (oder auch nicht) und woher jene Stabilität rührte, die notwendig ist, um ein Staatswesen über einen längeren Zeitraum erhalten zu

^ *Was oft vergessen wird: Auch die Diktatur kennt den Alltag. Schnappschuss aus der Prager Straße in Dresden im Jahr 1982.*

können. Zur Beantwortung der Fragen wurde der Blickwinkel gegenüber den allgemein üblichen Darstellungen modifiziert. Weder die Staatssicherheit noch die Opposition gegen die SED-Diktatur stehen im Mittelpunkt. Auch der Kalte Krieg zwischen den Supermächten, die deutsch-deutsche Frage, Blockparteien und Massenorganisationen finden lediglich zurückhaltend Erwähnung. Damit soll deren Bedeutung für die DDR keinesfalls bestritten werden; das wäre töricht. Vielmehr resultiert die ihnen hier beigemessene Nachrangigkeit aus den oben formulierten Fragen und dem Umstand, dass über genau diese Themen in den vergangenen Jahren äußerst intensiv geforscht, gestritten und publiziert wurde. Dazu existieren inzwischen eigene Bibliotheken. Wer immer es möchte, kann sich dort intensiv mit den diesbezüglichen Problemen auseinandersetzen.

Das Staatswappen der DDR vereinte Hammer und Zirkel im Ährenkranz. Damit sollte hochoffiziell symbolisiert werden, wer im Staat herrscht: vor allem die Arbeiter und Bauern, daneben als Bündnispartner die Intelligenz. Die vermeintlich Herrschenden unterlagen in der Realität jedoch einer wohl-inszenierten Parteidiktatur und bekamen sie unmittelbar zu spüren. Diesem Prozess wird hier besondere Aufmerksamkeit geschenkt. Des-

^ *Ost-Berlin, 1982: Alltag und Herrschaft sind eng verwoben. Wer aus der Norm ausbricht, dem drohen harsche Konsequenzen.*

halb finden sich immer wieder Schilderungen von Zuständen und Ereignissen vor Ort. Eine 53 Jahre alte, äußerst marode Kühlanlage, die daraus resultierenden Probleme sowie die Unfähigkeit der Verantwortlichen, selbige zu lösen, offenbaren mitunter mehr über den Gesamtzustand einer Gemeinschaft, als theoretische Abhandlungen es tun. Und wer glaubt, die Friedliche Revolution habe sich allein in Orten wie Berlin, Leipzig und Plauen abgespielt, der kennt Großwudicke nicht. Hier bezogen die Einwohner lange vor den allgemein bekannten Entwicklungen eindeutig Stellung: »...jetzt reißen wir die Mauer ein.« Auch ihre Geschichte gilt es zu erzählen.

»Im Mittelpunkt steht der Mensch« war in der DDR eine häufig gebrauchte Phrase. In gewisser Weise gilt diese Aussage, wie bereits angedeutet, auch für das vorliegende Buch. Erstmals wurden dabei, soweit es der zur Verfügung stehende Raum zuließ, nicht nur die großen Städte und ihre Bewohner berücksichtigt, sondern auch die kleineren Gemeinden und die Dörfer des Landes. Dadurch ergeben sich zahlreiche neue Aspekte. So erscheinen sowohl Facetten des Volksaufstandes vom Juni 1953 als auch des Mauerbaus vom August 1961 in neuem Licht. Und die Frage, was die DDR im Innersten zusammenhielt, lässt sich ohnehin nur beantworten, wenn man die abstrakte politische Ebene verlässt und nach ganz konkreten Gegebenheiten fragt. Dabei ergibt sich ein weiterer positiver Effekt: Es wird erklärbar, warum 1989 scheinbar so plötzlich geschah, was geschah. Denn die Friedliche Revolution kam keineswegs so überraschend, wie es häufig angenommen wird. An der Oberfläche herrschte bis wenige Monate vor dem Ende des »Arbeiter- und Bauernstaates« Stabilität, Ruhe und Ordnung. Tatsächlich aber brodelte es schon seit langem, Erosionsprozesse hatten das System längst unterhöhlt und die Menschen ihre Illusionen verloren. Das war gerade jenseits der Großstädte der Fall – und es wurde dort oftmals auch sehr offen gesagt. Der Traum war aus. Insofern war der Auftritt Rio Reisers höchst symptomatisch. Alles schien seinen gewohnten Gang zu gehen, alles deutete auf ein beständiges »Weiter so!«. Keine Aussicht auf Veränderungen, nirgends. Und doch genügte ein kleiner Impuls, um große Wirkungen zu erzielen. »Dieses Land ist es nicht« war Bestandsaufnahme und Zukunftsprognose zugleich. Die Folgen sind bekannt.

BUNDESRE
DEUTSCH

Heiligen-
stadt

Eis

Bad
Salzungen

Mei

DÄNEMARK

Ostsee

Ostsee

Mecklenburger Bucht

Pommersche Bucht

Rügen

Greifswalder Bodden

Stettiner Haff

POLEN

TSCHECHOSLOWAKEI

Rostock
Grevesmühlen · Wismar · Gadebusch · Bad Doberan · Ribnitz-Damgarten · Stralsund · Grimmen · Greifswald · Wolgast · Ueckermünde · Bützow · Teterow · Demmin · Anklam · Sternberg · Güstrow · Malchin · Alten-treptow · Neubrandenburg · Pasewalk

Schwerin
Hagenow · Schwerin · Parchim · Lübz · Ludwigslust · Pritzwalk · Waren · Röbel · Strasburg · Neustrelitz

Neubrandenburg
Prenzlau · Templin · Angermünde · Schwedt

Magdeburg
Salzwedel · Osterburg · Havel-berg · Rathenow · Klötze · Gardelegen · Stendal · Genthin · Haldensleben · Wolmir-stedt · Burg · Brandenburg · Oschers-leben · Wanzleben · Magde-burg · Zerbst · Halberstadt · Schöne-beck · Roßlau · Staßfurt · Dessau

Potsdam
Kyritz · Neuruppin · Gransee · Eberswalde · Oranienburg · Bernau · Bad Freienwalde · Nauen · Strausberg · Berlin (W) · Berlin · Belzig · Potsdam · Zossen · Luckenwalde · Jüterbog · Königs Wuster-hausen · Luckau

Frankfurt
Seelow · Fürstenwalde · Frankfurt · Beeskow · Eisen-hütten-stadt · Lübben · Guben

Halle
Eisleben · Sangerhausen · Artern · Querfurt · Nebra · Sömmerda · Naumburg · Weißenfels · Hohen-mölsen · Merseburg · Saalkreis · Halle · Delitzsch · Eilenburg · Bitterfeld · Köthen · Bernburg · Aschers-leben · Quedlin-burg · Hettstedt · Wernigerode

Cottbus
Herzberg · Jessen · Wittenberg · Gräfen-hainichen · Finsterwalde · Calau · Cottbus · Forst · Spremberg · Bad Liebenwerda · Senftenberg · Hoyerswerda · Weißwasser

Leipzig
Torgau · Wurzen · Oschatz · Riesa · Großen-hain · Leipzig · Grimma · Döbeln · Meißen · Borna · Geit-hain · Rochlitz · Hainichen

Dresden
Kamenz · Niesky · Bautzen · Görlitz · Dresden · Bischofs-werda · Sebnitz · Löbau · Zittau · Freital · Pirna · Freiberg · Brand-Erbisdorf · Dippoldis-walde

Erfurt
Arnstadt · Ilmenau · Rudol-stadt · Weimar · Apolda · Jena · Stadt-roda · Eisen-berg · Zeitz · Sonders-hausen · Sömmerda

Gera
Gera · Greiz · Zeulen-roda · Schleiz · Loben-stein · Pößneck · Saalfeld · Neuhaus · Hildburg-hausen · Sonneberg · Schmölln · Altenburg

Karl-Marx-Stadt
Glau-chau · Hohen-stein-Ernstthal · Werdau · Zwickau · Stoll-berg · Karl-Marx-Stadt · Flöha · Marienberg · Annaberg · Aue · Schwar-zenberg · Reichenbach · Auer-bach · Plauen · Klingen-thal · Oelsnitz

ES LEBE
DIE NATIONALE FRONT
DES DEMOKRATISCHEN
DEUTSCHLAND

7. OKTOBER 1949
GRÜNDUNG EINES STAATES

MOSKAU UND BERLIN

VORAUSSETZUNGEN

Die künftigen Machthaber kamen per Flugzeug, und sie hatten schwerwiegende Pläne. Obwohl in den Wirren der letzten Kriegstage niemand voraussagen konnte, wie genau es mit Deutschland weitergehen würde, waren einige Perspektiven doch klar. Denn schon zuvor hatten sich die wichtigsten Gegner des Deutschen Reiches, die Vereinigten Staaten von Amerika (USA), die Sowjetunion, Großbritannien und Frankreich, auf Grundzüge ihrer Besatzungspolitik geeinigt. Das Land würde geteilt werden und die jeweils zuständige Siegermacht die Verantwortung für ihr Territorium übernehmen. Damit war die Zukunft keineswegs festgeschrieben, insbesondere nicht die Entstehung von zwei konkurrierenden deutschen Staaten, doch den Beteiligten war sehr wohl bewusst, dass fundamentale Veränderungen anstanden: »Dieser Krieg ist nicht wie in der Vergangenheit; wer immer ein Gebiet besetzt, erlegt ihm auch sein eigenes gesellschaftliches System auf. ... Es kann gar nicht anders sein.«[1] Als der sowjetische Staatschef Josef Wissarionowitsch Stalin diese Aussage im April 1945 traf, kündigte sich bereits die Schlacht um Berlin an. Jener barbarische Krieg, den die nationalsozialistische Diktatur sechs Jahre zuvor begonnen hatte, war an seinen Ausgangspunkt zurückgekehrt. Nur wenig später, am 8. Mai 1945, kapitulierte die deutsche Wehrmacht bedingungslos, die militärische Auseinandersetzung in Europa war vorbei.

---

1   Milovan Djilas, Gespräche mit Stalin, Frankfurt/M. 1962, S. 146.

Vor dem Hintergrund der totalen Niederlage schien jetzt vieles möglich, tatsächlich aber waren die Optionen unter sowjetischer Hegemonie von Anfang an begrenzt. Denn Stalin hatte nicht nur theoretische Erwägungen hinsichtlich der anstehenden Besatzungspolitik getätigt, sondern ganz praktische Vorbereitungen getroffen, um sein politisches System, die kommunistische Diktatur, auf die eroberten Gebiete übertragen zu können. Das musste vorerst zurückhaltend und verdeckt geschehen, da die geopolitischen Interessen der Sowjetunion weit über die engen Grenzen der eigenen Besatzungszone hinausreichten. Deutschland war nur ein Aspekt, den es im weltweiten Machtpoker zu bedenken galt. Zudem war der Diktator zunächst durchaus an einer Zusammenarbeit mit den Westmächten interessiert, und sei es nur, um sich Einflussmöglichkeiten auf deren Territorien offen zu halten. Direkte Konfrontationen sollten vorerst vermieden werden, die Weichenstellungen in aller Stille erfolgen.

Daher war schon lange vor dem Kriegsende in Moskau eine Arbeitsgruppe aus dorthin emigrierten deutschen Kommunisten gegründet worden, denen es nach dem Sieg der Alliierten obliegen sollte, im sowjetischen Einflussbereich die als notwendig erachteten Transformationsprozesse umzusetzen.

^ *Wilhelm Keitel unterzeichnet die bedingungslose Kapitulation der deutschen Wehrmacht. Die Neuordnung Europas konnte beginnen.*

Mitglieder dieser Gruppe waren vor allem orthodoxe Altkommunisten: Anton Ackermann, Wilhelm Pieck, Walter Ulbricht und viele mehr. Sie waren in den 1930er Jahren durch die Feuer des Stalinistischen Terrors gegangen, hatten dabei das spurlose Verschwinden vieler Genossen erlebt (und akzeptiert) und hegten keinerlei Zweifel an ihrer Mission: »Wir sehen, für unser Volk wäre es das allerbeste, wir würden ein sozialistisches Deutschland, einen Sowjetstaat haben.« Nicht eine eigenständige, gar demokratische Entwicklung war für die Zeit nach der nationalsozialistischen Diktatur vorgesehen, sondern die Übertragung des sowjetischen Modells – auch wenn das zu diesem Zeitpunkt niemand öffentlich sagte. »Größte Beweglichkeit in allen taktischen Fragen«[2] war das Gebot der Stunde, das Basisziel jeglicher Politik aber bereits festgeschrieben:

Die »Diktatur des Proletariats«, die Alleinherrschaft der kommunistischen Kaderpartei, war zu errichten.

Am letzten Apriltag des Jahres 1945 war es so weit. Von Moskau aus machten sich mit dem Flugzeug die ersten deutschen KPD-Funktionäre auf den Weg in Richtung Berlin. Unter der Führung Walter Ulbrichts schlugen sie unweit der deutschen Hauptstadt, in Bruchmühle, ihr Quartier auf und bereiteten sich darauf vor, entsprechend den in Moskau gefassten Beschlüssen zu agieren. Alsbald schlug ihre Stunde.

---

2   Peter Erler/Horst Laude/Manfred Wilke (Hg.), »Nach Hitler kommen wir«. Dokumente zur Programmatik der Moskauer KPD-Führung 1944/45 für Nachkriegsdeutschland, Berlin 1994, Zitate S. 127, 170.

^ *In Moskau ausgebildet und mit klaren Aufträgen in die sowjetische Besatzungszone entsandt: Walter Ulbricht.*

»UND SO IST
ALLES SCHWANKEND.«

WEICHENSTELLUNGEN

Der Beginn war durchaus vielversprechend. Anfang Juni 1945 installierte die Besatzungsmacht die Sowjetische Militäradministration in Deutschland (SMAD), die fortan als oberste Gewalt vor Ort wirkte und in Absprache mit Moskau alle maßgeblichen Entscheidungen traf. Gleich mit ihrem zweiten Befehl schien sie den Weg in eine politisch vielfältige Zukunft zu ebnen. Völlig überraschend gab sie am 10. Juni 1945 bekannt, dass in der sowjetisch besetzten Zone – früher als in jeder anderen – Parteien gegründet werden dürften. Dass sich die SMAD dabei Kontroll- und Weisungsbefugnisse vorbehielt, war unter den gegebenen Umständen nachvollziehbar; dass sich die zu gründenden Parteien zu Antifaschismus und Demokratie zu bekennen hatten, ebenso.

Befehl Nr. 2

des Obersten Chefs der Sowjetischen Militärverwaltung.

Berlin, den 10. Juni 1945

Am 2. Mai d. J. wurde Berlin von den Sowjettruppen besetzt. Die Hitlerarmeen, die Berlin verteidigten, haben kapituliert und Deutschlands Kapitulation unterschrieben. Am 5. Juni wurde im Namen der Regierungen der Union der Sozialistischen Sowjetrepubliken, der Vereinigten Staaten von Amerika, Großbritanniens und Frankreichs die Deklaration veröffentlicht über die Niederlage Deutschlands und die Uebernahme höchster Autorität auf dem gesamten Boden Deutschlands durch die Regierungen der angeführten Mächte. Mit der Besetzung Berlins durch die Sowjettruppen wurde in dem Gebiet der sowjetischen Besatzungszone Deutschlands eine strenge Ordnung hergestellt, werden örtliche Selbstverwaltungsorgane erbildet und die notwendigen Bedingungen für eine freie öffentliche und politische Tätigkeit der deutschen Bevölkerung geschaffen.

In Anbetracht des oben Dargelegten befehle ich:

1. Auf dem Gebiet der sowjetischen Besatzungszone Deutschlands die Bildung und die Tätigkeit aller antifaschistischen Parteien zu erlauben, die sich das Ziel setzen, die Ueberreste des Faschismus mit der Wurzel auszurotten und die Grundlagen des Demokratismus und der bürgerlichen Freiheiten in Deutschland zu festigen und die Initiative und die eigene Tätigkeit breiter Volksmassen in dieser Richtung zu entwickeln.

2. Der werktätigen Bevölkerung der sowjetischen Besatzungszone Deutschlands das Recht der Vereinigung in freien Gewerk-

schaftsverbänden und Organisationen zu verleihen mit dem Ziel des Schutzes der Interessen und der Rechte der Werktätigen. Die Gewerkschaftsorganisationen und Vereinigungen zu berechtigen, Kollektivverträge mit den Unternehmern abzuschließen, sowie Versicherungskassen und andere Einrichtungen gegenseitiger Hilfe, kulturelle Aufklärungs- und andere Bildungseinrichtungen und Organisationen zu schaffen.

3. Alle in Punkt 1 und Punkt 2 angeführten Parteiorganisationen und freie Gewerkschaftsverbände müssen ihre Statuten und ihre Programme bei den Organen der örtlichen Selbstverwaltung, sowie bei den Militärkommandanten registrieren, indem sie gleichzeitig ihnen die Listen der Mitglieder der leitenden Organe vorlegen.

4. Zu verordnen, daß für die Zeit des Besatzungsregimes die Tätigkeit aller in Punkt 1 und Punkt 2 angeführten Organisationen unter Kontrolle der sowjetischen Militärverwaltung und entsprechend der von ihr gegebenen Instruktionen ausgeführt wird.

5. Entsprechend der oben Dargelegten die gesamte faschistische Gesetzgebung sowie alle faschistischen Verfügungen, Befehle, Verordnungen, Instruktionen usw., die sich auf die Tätigkeit der antifaschistischen politischen Freiheiten und freien Gewerkschaftsverbände beziehen und gegen die demokratischen Freiheiten, politischen Rechte und die Interessen des deutschen Volkes gerichtet sind, aufzuheben.

Der Oberste Chef der Sowjetischen Militärverwaltung
Marschall der Sowjetunion Shukow.

Der Stabschef der Sowjetischen Militärverwaltung
Generaloberst Kurassow.

---

^ *Die Zulassung verschiedener Parteien suggeriert zunächst Pluralismus, ist tatsächlich aber ein Schritt in Richtung Diktatur.*

Wie nicht anders zu erwarten, reagierten zuerst die in Moskau geschulten Kader der KPD, schließlich hatten sie die umfassende Unterstützung der sowjetischen Seite und waren am besten vorbereitet. Doch der Tenor ihres Gründungsaufrufes vom 11. Juni 1945 erstaunte. Sie, die in der Bevölkerung weithin als »Russendiener« wahrgenommen wurden, grenzten sich plötzlich von früheren Forderungen und von der Schutzmacht ab. Ihr Zentralkomitee betonte nun, dass es grundfalsch sei, Deutschland ein Sowjetregime aufzuzwingen, schließlich gäbe es einen besonderen, eigenständigen deutschen Weg. Daher müsse es unter den konkreten Bedingungen zunächst darum gehen, eine antifaschistisch-demokratische Ordnung zu errichten; zugleich sollten alle Rechte der Bevölkerung gesichert werden. Ganz praktisch offerierte der Aufruf einen Weg, wie die umfangreichen Herausforderungen von deutscher Seite gemeistert werden könnten: durch die Gründung einer »festen Einheit der Demokratie«, eines gemeinsamen Blocks aller zugelassenen Parteien. Auch diese Bündelung der Kräfte schien im Sommer 1945 sinnvoll zu sein, doch es sollte sich sehr schnell zeigen, dass genau hier ein wichtiges Mittel verlangt wurde, das der KPD schließlich die alleinige Herrschaft sichern würde.

Vier Tage später meldete sich die Sozialdemokratische Partei Deutschlands (SPD) mit einem eigenen Gründungsaufruf zu Wort, um ihre Maßstäbe für den Neuaufbau und Forderungen für die Zukunft zu definieren. Auch sie bekannte sich zu Antifaschismus und Demokratie, forderte im Gegensatz zu den Kommunisten aber ausdrücklich sozialistische Elemente in Wirtschaft und Gesellschaft. Zudem betonte sie als Lehre aus den Wirren der Weimarer Republik und dem Aufstieg der Nationalsozialisten die Notwendigkeit einer Einheit der Arbeiterklasse. Dieser Anspruch lief letztlich auf eine Vereinigung zwischen der SPD und der KPD hinaus. Entsprechende Forderungen waren an der Basis beider Parteien stark vertreten, doch die Führung der KPD lehnte derartige Bestrebungen noch im Juni unmissverständlich ab; ganz offensichtlich fürchtete sie, in einer gemeinsamen Organisation der an Mitgliederzahl und Tradition weit besser aufgestellten Sozialdemokratie nicht gewachsen zu sein und in einem solchen Bündnis daher unterzugehen.

Zwei weitere, bürgerlich orientierte Parteien komplettierten das politische Spektrum in der sowjetischen Besatzungszone zunächst: Ende Juni konstituierte sich die Christlich-Demokratische Union (CDU), Anfang Juli dann die Liberal-Demokratische Partei (LDP). Beide Vereinigungen bekannten sich grundlegend zum Privateigentum, doch schloss die CDU Enteignungen nicht rundweg aus. Damit befand sie sich eigentlich auf einer Linie mit den üblichen Forderungen der KPD. Noch im laufenden Jahr allerdings erwies es sich, dass ähnliche Forderungen durchaus unterschiedlich interpretiert werden konnten.

Die vier Parteien schufen am 14. Juli 1945 tatsächlich den von der KPD geforderten antifaschistisch-demokratischen Block, den Zentralen Einheitsfront-Ausschuss, der als koordinierendes Spitzenorgan dienen und so die Umsetzung der allgemein anerkannten Grundforderungen beschleunigen sollte. Formal unter gegenseitiger Anerkennung der Selbstständigkeit einigten sich die Parteien darauf, dass alle Beschlüsse des Gremiums einstimmig gefällt werden müssten. Zudem wurde empfohlen, auf allen organisatorischen Ebenen, bis hin in kleinste Orte, analoge Strukturen zu schaffen. Das, was später »demokratischer Zentralismus« heißen und die Macht der SED wesentlich gewährleisten würde, hatte hier ihren Ursprung, auch wenn das aus dem zeitgenössischen Blickwinkel kaum erkennbar war. Gegen das Veto der KPD war ab sofort keine Politik mehr zu machen. Das traf zwar auch auf die anderen Beteiligten zu, doch mangelte es diesen schon jetzt an einem entscheidenden Kriterium: der Unterstützung durch die sowjetische Administration. Noch schienen sich die Parteien in einem freien Konkurrenzkampf zu befinden, doch erste Weichen in Richtung Diktatur waren längst gestellt. Freilich blieb vorerst offen, ob diese Weichenstellungen auch tatsächlich zu den gewünschten Ergebnissen führen würden.

Überhaupt wurden im Jahr 1945 – dieser Befund darf für alle Besatzungszonen gelten – grundlegende Entscheidungen nicht von deutschen Stellen getroffen. Es waren die Alliierten des Zweiten Weltkrieges, die die Richtung vorgaben, und sie suchten unter den schwierigen Nachkriegsbedingungen nach ebenso schnellen wie tragfähigen Lösungen für die mannigfaltigen Probleme. Zugleich spitzten sich jetzt, da der gemein-

same Gegner nicht mehr existierte, die Interessengegensätze zwischen den vormals Verbündeten zu. In vielerlei Hinsicht durchgreifende Bedeutung erlangte dabei ein Spitzentreffen, das vom 17. Juli bis zum 2. August 1945 im Potsdamer Schloss Cecilienhof ausgerichtet wurde. Hier trafen sich die führenden Männer der Sowjetunion, der USA und Großbritanniens: Stalin (für den es der einzige Deutschlandaufenthalt war und blieb), der amerikanische Präsident Harry S. Truman sowie Winston Churchill (der während der Konferenz die britische Unterhauswahl verlor und durch seinen Nachfolger Clement Attlee ersetzt wurde). Offiziell demonstrierten die Protagonisten Geschlossenheit, doch das konnte weder die wachsenden Spannungen verdecken noch das gereizte Ringen hinter den Kulissen verhindern. Auf der Tagesordnung der »Potsdamer Konferenz« stand der noch immer wütende Krieg im Pazifik, vor allem aber ging es um Regelungen, die Europa betrafen. Diese Regelungen, die sich im Abschlussprotokoll des Treffens, dem »Potsdamer Abkommen«, niederschlugen, waren umfassend und sollten gravierende Folgen haben. Grundsätzlich bestand zwar Einigkeit darüber, dass Deutschland entnazifiziert, entmilitarisiert und demokratisiert werden müsse, was das aber im Einzelnen bedeutete, darüber fanden sich keine Aussagen. Die alleinige territoriale Zuständigkeit der jeweiligen Besatzungsmacht wurde abermals bekräftigt, zudem nun auch festgeschrieben, dass diese als Kompensation

^ *Öffentliche Inszenierung, hartes Ringen und grundlegende Weichenstellung zugleich: die Potsdamer Konferenz vom Sommer 1945.*

für erlittene Kriegsschäden Reparationen in nicht genannter Höhe abziehen dürfe. Das sollte Deutschland zugleich ökonomisch schwächen und als künftige Bedrohung ausschalten. Fundamentale Auswirkungen zog auch die Vereinbarung über Zwangsumsiedlungen deutscher Bevölkerungsteile nach sich, die zwar human erfolgen sollten, faktisch jedoch schnell in millionenfaches Chaos, Leid und Elend mündeten.

Die Potsdamer Konferenz zeigte vor allem eines: Zwar bemühte sich die vormalige Kriegskoalition noch immer um ein einheitliches Erscheinungsbild, doch die Realität sah längst anders aus. Zwar hatte man mit dem Alliierten Kontrollrat ein Gremium geschaffen, das alle übergeordneten Belange gemeinsam verhandeln sollte, doch spielte er in der Praxis – bei aller ihm zukommenden Bedeutung – alsbald eine untergeordnete Rolle. Zwar sollte Deutschland auf dem Papier weiterhin als wirtschaftliche Einheit gelten, doch offenbarten gerade die weitreichenden Beschlüsse zur Autonomie der jeweiligen Besatzungsmacht, dass dieses Ansinnen zunehmend als Farce angesehen werden musste. Die Zeichen standen auf wachsende Gegensätze zwischen der Sowjetunion und den Westmächten, sie deuteten schon jetzt auf eine Teilung der Welt in zwei gegensätzliche Interessenssphären.

^ *Der Alliierte Kontrollrat soll die unterschiedlichen Interessen der Siegermächte austarieren. Das ist bald unmöglich.*

Diese Entwicklung mag der deutschen Bevölkerung zumindest in Teilen bewusst gewesen sein, handlungsleitend war sie nicht. Die vom Krieg erschöpften Menschen hatten andere, viel unmittelbarere Probleme. Das Land hatte bedingungslos kapituliert, das alltägliche Leben war hart und die Zukunft ungewiss. Die staatliche Ordnung war zerfallen, Städte waren zerstört, Millionen Männer befanden sich in Kriegsgefangenschaft, zugleich drängten Millionen Vertriebene in die Besatzungszonen. Jegliche Infrastruktur – Strom, Wasser, Verkehr, medizinische Versorgung – lag darnieder, und die Versorgung mit Lebensmitteln wurde zum alltäglichen Überlebenskampf. Dass die SBZ bei Kriegsende trotzdem noch über eine beachtliche Industrie verfügte, die Kriegszerstörungen insgesamt niedriger ausfielen als in den Westzonen und das Potenzial für den anstehenden Wiederaufbau grundsätzlich ausreichend erschien, nutzte wenig. Denn die Reparationen, die wilden Demontagen und die Beschlagnahmungen durch die Roten Armee sowie die sowjetische Administration fügten diesem Potenzial einen niederschmetternden Schlag zu. Einzelne Industriezweige verloren bis zu 80 Prozent ihrer Kapazitäten, 200 der wichtigsten Betriebe wurden 1946 in Sowjetische Aktiengesellschaften umgewandelt und produzierten nur noch

^ *Vielerorts werden öffentliche Parks zu Gärten umfunktioniert, um die grassierende Not zu lindern. Hier der Tiergarten in Berlin.*

für die Besatzungsmacht, zwei Jahre nach dem Kriegsende war die Hälfte des Schienenverkehrsnetzes demontiert und zahllose, insbesondere hoch qualifizierte Fachkräfte in die Sowjetunion verbracht. Dieser Aderlass war kaum zu verkraften, die östliche Besatzungszone eine Zusammenbruchsgesellschaft, die erst wieder Tritt fassen musste.

Unter derartigen Bedingungen kam der schnellen Ingangsetzung von Industrie und Landwirtschaft geradezu existentielle Bedeutung zu. Kurz nach dem Kriegsende hatte die SMAD Banken und Schlüsselindustrien enteignet, nun ergriff stellvertretend die KPD-Führung die Initiative. Obwohl keineswegs völlige Klarheit über die notwendigen Schritte bestand, inszenierte die Parteispitze Anfang September 1945 eine Bodenreform, die nach offiziellen Angaben der Entnazifizierung dienen und die Verteilungsgerechtigkeit in den Dörfern fördern sollte. Über die prinzipielle Notwendigkeit eines solchen Schrittes bestand Einigkeit, auch bürgerliche Agrarexperten hatten derartige Maßnahmen in der Vergangenheit gefordert und die CDU unterstützte sie. Doch der Teufel steckte im Detail. Zentrale Anweisungen kamen direkt aus Moskau, und die Radikalität, mit der die kommunistischen Kader agierten, erschreckte viele. Mit wenigen Ausnahmen, etwa Kirchengütern, wurden alle Betriebe mit mehr als 100 Hektar Nutzfläche entschädigungslos enteignet, unabhängig davon, wie wertvoll deren Boden war oder ob deren Eigner im Dritten Reich Widerstand geleistet hatten. Die Besitzer wurden aus ihrem angestammten Heimatkreis verwiesen, auch Deportationen fanden nun wieder statt. So flehte ein sächsischer Gutsbesitzer, der mit Berufskollegen in Güterwaggons unter unmenschlichsten Bedingungen auf die Insel Rügen verbracht und dort schlicht ausgesetzt worden war: »Helfen Sie uns bitte, bitte, […] wir sterben.«[3]

Das unmenschliche Agieren hatte gleichwohl eine Kehrseite. Große Teile des enteigneten Landes wurden als Kleinparzellen an Landarme, Landlose, Flüchtlinge und Vertriebene verteilt. Diese Parzellen hatten ökonomisch zwar kaum eine Chance auf fortdauernde Existenz, konnten ihren neuen Eigentümern aber das unmittelbare Überleben sichern und waren daher im Allgemeinen hoch willkommen. Und das war

---

3 Zitiert nach: Norman Naimark, Die Russen in Deutschland. Die sowjetische Besatzungszone 1945 bis 1949, Berlin 1997, S. 183.

der eigentliche Zweck der Bodenreform. Die KPD entfernte alte Eliten aus den Dörfern und schuf sich mit den sogenannten Neubauern eine eigene Klientel, die ihre Herrschaft vor Ort sicherte. So sah es die Ideologie vor und so geschah es. Bei allen damit verbundenen Problemen: Der Plan ging auf, noch 40 Jahre später sollten sich in den Dörfern der DDR Menschen dankbar an die Zuwendungen zurückerinnern. Die Machtverhältnisse verschoben sich weiter, zumal die SMAD im Dezember 1945 die CDU-Führung absetzte, als diese sich gegen das rigide, vor allem entschädigungslose Vorgehen aussprach.

Ähnliche, nur vordergründig ökonomisch motivierte Maßnahmen betrafen den industriellen Sektor. Im Frühjahr 1946 initiierte die KPD in enger Absprache mit sowjetischen Stellen den »Volksentscheid in Sachsen«, mit dessen Hilfe tausende Schlüsselbetriebe endgültig enteignet werden sollten. Auch hier übertünchte die Propaganda die Realität. Es gehe, so wurde unter Einsatz massiver Propaganda vermittelt, um die Enteignung von Kriegsverbrechern und Nationalsozialisten. Tatsächlich jedoch sicherte sich die Partei Zugriffsmöglichkeiten auf die Produktion und deren Lenkung: Die Planwirtschaft warf ihre Schatten voraus. Im Juni 1946 stimmten schließlich drei Viertel der Stimmberechtigten dem Volksentscheid zu. Damit war der gewünschte Präzedenzfall geschaffen, die betroffenen Betriebe wurden ver-

Enteignung der Betriebe der Kriegs- und Naziverbrecher

Volksentscheid

Zum Schutz von Haus und Hof, von Vieh und Ernte!

^ *Machterwerb durch Diffamierung. Um Zugriff auf ökonomische Ressourcen zu erhalten, scheint der KPD jedes Mittel recht.*

staatlicht und das Modell sukzessive auf die gesamte Besatzungszone übertragen.

Wie ernst es der kommunistischen Partei inzwischen mit der Machteroberung war – und welche Möglichkeiten sie dazu hatte – zeigte sich auch auf organisatorischem Gebiet. Noch im Juni 1945 hatte sie eine Vereinigung mit der SPD vehement abgelehnt, jetzt machte sie eine Kehrtwende. Dafür gab es handfeste Gründe. Zwar war es der KPD inzwischen gelungen, eine Vormachtstellung unter den Parteien der SBZ zu erringen, doch blieb die SPD ihre schärfste Konkurrentin und war zahlenmäßig erkennbar überlegen. Ideologisch betrachtet galt die Sozialdemokratie ohnehin als verzichtbar, denn die KPD sah sich als einzige legitime Vertreterin der Arbeiterklasse. Mit einer Vereinigung beider Parteien unter kommunistischen Vorzeichen würde nicht nur die einflussreichste Mitbewerberin um die Macht gebändigt, sondern die eigene Stellung abermals nachhaltig gestärkt werden. Das sah offensichtlich auch die Besatzungsmacht so, übte massiven Druck aus und erzwang auf diese Weise letztlich die organisatorische Gleichschaltung. Obwohl eine Abstimmung unter Berliner SPD-Mitliedern eine Ablehnungsquote von 82 Prozent ergab, war der finale Schritt im Frühjahr 1946 nicht mehr zu verhindern: Am 21./22. April vereinigten sich im Ost-Berliner Admiralspalast KPD und SPD zur Sozialistischen Einheitspartei Deutschlands, jener Partei, die die Geschicke der DDR bis zum Herbst 1989 lenken würde.

Flankiert wurde die neue Partei durch eine Reihe so genannter Massenorganisationen nach sowjetischem Vorbild, die gesellschaftliche Sphären jenseits der Politik durchdrangen, unter der Führung kommunistischer Kader standen (die sich aber nicht immer als solche zu erkennen gaben) und ihrerseits die Macht der Einheitspartei zu unterfüttern hatten. Die Bandbreite reichte dabei von der Einheitsgewerkschaft Freier Deutscher Gewerkschaftsbund (FDGB) über den Demokratischen Frauenbund Deutschlands (DFD) und den Kulturbund bis hin zur Freien Deutschen Jugend (FDJ). Mit Hilfe dieser Institutionen sollte möglichst auch noch der letzte Einwohner erfasst und selbst in scheinbar unpolitischen Zusammenhängen auf die offizielle politische Linie eingeschworen werden. In den folgenden Jahren wurden daher zahlreiche weitere dieser Organisationen gegründet.

Nicht nur institutionell, auch in den unterschiedlichsten Verwaltungen, in der Justiz und im Bildungswesen vermochten es kommunistische Kader, wichtige Posten zu übernehmen und die Bereiche entsprechend ihren Vorstellungen zu modifizieren. Das geschah oftmals unter dem Vorwand der tatsächlich notwendigen Entnazifizierung (für die es jedoch keinerlei konkrete Kriterien gab), diente vorrangig aber viel zu oft dazu, die eigene Machtbasis zu stärken. Leitsatz war eine interne Vorgabe Walter Ulbrichts: »Es muss demokratisch aussehen, aber wir müssen alles in der Hand haben.«[4] Und so wurden belastete Amts- und Funktionsträger ebenso verdrängt wie politisch als unzuverlässig geltende. Das machte Platz für neue Karrieren, die schon jetzt oftmals nur mit Billigung der SED zu erlangen waren, Einzelnen aber bisher ungeahnte Aufstiegschancen eröffneten. Auch so schaffte sich die Partei Rückhalt und eine eigene, höchst loyale Klientel, das ihr nicht nur bei der Machteroberung, sondern auch in möglichen Krisensituationen beiseite stehen würde. Abstrafung und Begünstigung waren letztlich zwei Seiten der gleichen Medaille und sie sollten auch in den kommenden Jahrzehnten wichtige politische Instrumente bleiben.

Im Laufe des Jahres 1946 schien sich die Lage allmählich zu stabilisieren, die unmittelbare Nachkriegszeit zu enden. Doch die Schatten der Vergangenheit wirkten nach und nah-

---

4   Wolfgang Leonhard, Die Revolution entlässt ihre Kinder, Köln 1998, S. 440.

^   *Eine Geste von hohem Symbolgehalt: Wilhelm Pieck und Otto Grotewohl reichen sich im April 1946 die Hände, die SED ist gegründet.*

men mitunter neue Schreckensgestalt an. Symbol dafür wurden die zehn sogenannten Speziallager, die die Besatzungsmacht unmittelbar nach dem Krieg eingerichtet hatte. Offiziell dienten sie der Inhaftierung von aktiven Nationalsozialisten und Kriegsverbrechern, doch zunehmend veränderten sie ihren Zweck. Zum Teil auf dem Gelände nationalsozialistischer Konzentrationslager errichtet, waren es in wachsendem Maß Gegner der jetzt entstehenden Ordnung bzw. der sowjetischen Administration, die hierher verbracht wurden. Dafür reichte ein unbedachtes Wort mitunter aus. Opfer von Denunziationen fanden sich in den Lagern ebenso wie jene, die es wagten,

unmenschliche Aspekte der Besatzungsherrschaft (wie etwa die Vergewaltigungen von Zivilistinnen durch Rotarmisten) zu thematisieren. Die Zustände vor Ort waren schlicht verheerend, die Folgen entsprechend: Von den weit mehr als 150 000 Speziallagerhäftlingen verstarben über 35 Prozent. Selbst nach der Auflösung der Lager endete das Leid der Insassen nicht. Mehrere tausend Betroffene wurden Mitte 1950 in den berüchtigten Waldheimer Prozessen zu langjährigen Gefängnisstrafen verurteilt: zumeist ohne Verteidigung, ohne Zeugen, ohne einen Hauch von Rechtsstaatlichkeit; die politische Justiz funktionierte bereits reibungslos. Darüber aber durfte nicht gesprochen werden, bis zum Ende der DDR bleiben die Speziallager, ihre Geschichte und ihre Folgen ein absolutes Tabu.

Die ersten beiden Jahre nach dem Zweiten Weltkrieg waren somit eine Zeit allerhöchster Unsicherheit. Niemand konnte mit Bestimmtheit sagen, wohin der Weg in Zukunft führen würde. Symptomatisch dafür sind jene Worte, die der Romanist Victor Klemperer Mitte Juni 1945 in seinem Tagebuch notierte: »Und so ist alles schwankend.«[5] Doch unterhalb der schwankenden Oberfläche wurden bereits erste Grundlagen für die kommenden Entwicklungen gelegt, Weichen gestellt. Das nahmen nur die Wenigsten wahr, aber schon 1947 sollte erkennbar werden, dass es den politisch Verantwortlichen mitnichten um den Aufbau einer demokratischen Ordnung ging. Im Gegenteil. Ursächlich dafür waren wiederum Prozesse auf internationaler Ebene, die einen drastischen Niederschlag in der Sowjetischen Besatzungszone fanden.

5   Victor Klemperer, So sitze ich denn zwischen allen Stühlen. Tagebücher 1945-1949, Berlin 1999, Bd. 1, S. 7.

AUF DEM WEG ZUR ZWEISTAATLICHKEIT

Die Vereinigten Staaten von Amerika hatten nach dem Kriegsende zunächst offen gelassen, wie ihr Engagement in Europa zukünftig aussehen solle. Es lag durchaus im Bereich des Möglichen, dass sie ihre Truppen nach dem Sieg zurückziehen und den alten Kontinent schrittweise verlassen würden. Doch je mehr sich die vormals Alliierten voneinander entfernten, je mehr sich die Spannungen zwischen ihnen zuspitzten, umso unwahrscheinlicher wurde ein solcher Schritt. In zunehmendem Maße galt es nämlich aus Sicht der USA, einem möglichen Vormarsch des Kommunismus Einhalt zu gebieten. Das Jahr 1947 schließlich brachte die Entscheidung. Erstes sicheres Anzeichen dafür war die Verkündung der Truman-Doktrin. Die im März vom amerikanischen Präsidenten bekanntgegebene politische Leitlinie sagte allen »freien Völkern« Unterstützung bei der Verteidigung ihrer Autonomie zu. Mit dem Marshall-Plan wurde nur drei Monate später, Anfang Juni, ein gewaltiges Hilfsprogramm nachgeschoben, das

∧ *Die Westalliierten setzen vor allen auf wirtschaftliche Förderung ihrer Besatzungszonen. Alsbald beginnt der Aufschwung.*

die Ökonomie des kriegsversehrten Kontinents wieder anschieben sollte, eine enge Verbundenheit zwischen Gebern und Nehmern anstrebte und sich ausdrücklich an alle Staaten richtete, also auch an jene, die unter direktem sowjetischen Einfluss standen. Spätestens damit war der Kampf um die Vorherrschaft in Europa endgültig entbrannt. Der Krieg war kaum zwei Jahre her, nun zog ein neuer herauf: der Kalte Krieg der politischen Systeme. Die Blockbildung, die ohnehin seit längerem vonstatten ging, nahm rasant an Fahrt auf. So wurde unter Führung der KPdSU im September 1947 das Kommunistische Informationsbüro (kurz: Kominform) gegründet, dem die SED wegen der gesamtdeutschen Erwägungen Stalins vorerst aber nicht beitreten durfte. Es sollte die Arbeit der kommunistischen Parteien koordinieren und den sowjetischen Ansprüchen unterordnen. Damit einher ging – unverkennbar als Reaktion auf Truman-Doktrin und Marshall-Plan – die Verkündung der Zwei-Lager-Theorie. Sie besagte, dass sich die Welt bereits in zwei unversöhnliche Interessensphären aufgeteilt habe: eine imperialistische, undemokratische unter Führung der USA und eine demokratische unter Führung der Sowjetunion. Als im Dezember 1947 in London ein letzter Versuch scheiterte, zwischen den Außenministern der Kontrahenten zu einer Vereinbarung zu gelangen und die sowjetische Seite im März 1948 den Alliierten Kontrollrat verließ, war der Bruch endgültig. Die bipolare Weltordnung nahm Gestalt an.

Das konnte nicht ohne Einfluss auf die innere Entwicklung der sowjetisch besetzten Zone bleiben. Zwar verkündete die SED auf Geheiß der Schutzmacht weiterhin ihr vielfältiges, unbedingtes Interesse an einem geeinten Deutschland, doch das war bloße Rhetorik. Hinter den Kulissen wurden die Weichen endgültig auf eine deutsche Zweistaatlichkeit gestellt; selbst hochrangige Vertreter der sowjetischen Administration sprachen dieses Thema nun intern an. Da Stalin aber noch immer nicht die Hoffnung aufgegeben hatte, Zugriff auf Gebiete und Ressourcen der Westzonen zu erlangen, musste dies vorerst im Dunkeln bleiben.

Umso intensiver erfolgte die Umgestaltung der SBZ selbst. Mit der Deutschen Wirtschaftskommission (DWK) richtete die SMAD im Sommer 1947 eine von der SED dominierte zentrale Verwaltungsinstanz, ein ordnungspolitisches Machtins-

trument für alle ökonomischen Belange ein, die ihren Einfluss ständig ausbaute und zum Kern der kommenden DDR-Regierung werden würde. Zeitgleich steuerte die SED nun, begünstigt durch die vorherigen Enteignungen, konsequent auf eine Planwirtschaft zu, die die Unwägbarkeiten des Marktes ausschalten, vor allem aber der Partei Zugriffsmöglichkeiten auf Produktionsmittel, Personen und Abläufe sichern sollte. Dass es dabei um sehr viel mehr als um wirtschaftliche Belange ging, wurde jetzt auch gesagt. So ließ Ulbricht bei der Diskussion der ersten Pläne keinen Zweifel daran aufkommen, dass die SED als »sozialistische Partei« die Aufgabe habe, die »Lösung der Gesamtheit der demokratischen, wirtschaftlichen und organisatorischen Aufgaben zu leiten«[6]. Das war nicht weniger als der Anspruch auf die absolute Macht. Jeder, der sich diesem Anspruch entgegen stellte oder auch nur Widerspruch erhob, musste mit Konsequenzen rechnen. Das hatte nicht zuletzt die CDU erfahren, deren Führung genau aus solchen Gründen im Dezember 1947 von der SMAD abermals abgesetzt worden war.

Um das Organisationsgefüge der SBZ weiter zugunsten der SED zu verändern und den bürgerlichen Parteien mögliche

---

6   Der Wirtschaftsplan für 1948 und der Zweijahrplan 1949/50 zur Wiederherstellung und Entwicklung der Friedenswirtschaft in der sowjetischen Besatzungszone Deutschlands. Referent: Walter Ulbricht, in: Thomas Friedrich/Christa Hübner/Herbert Mayer (Hg.), Entscheidungen der SED 1948. Aus den Stenographischen Mitschriften der 10. bis 15. Tagung des Parteivorstandes der SED, Berlin 1995, S. 125.

---

^ *Auch in den Dörfern erzwingt die SED massive Veränderungen. Ausgangspunkt dafür ist die bis 1948 andauernde Bodenreform.*

Wählerstimmen zu entziehen, hatte die Besatzungsmacht im Frühjahr 1948 zudem die Gründung zweier neuer Blockparteien anberaumt: der Demokratischen Bauernpartei Deutschlands (DBD) und der Nationaldemokratischen Partei Deutschlands (NDPD). Während erstere den ländlichen Bereich zu durchdringen hatte, war die zweite unter anderem ein offensives Angebot an frühere NSDAP-Mitglieder und Angehörige der Wehrmacht. Per Gesetz war die Entnazifizierung schon am Beginn des Jahres für beendet erklärt worden, nun sollten auch ehemalige Mitläufer möglichst eng in die neue politische Linie eingebunden werden.

Den wichtigsten Wandel aber machte die SED selbst durch. Vorangetrieben durch die in Moskau geschulten KPD-Funktionäre wurde sie zur »Partei neuen Typus« transformiert. Ruhte sie bisher zumindest offiziell noch auf ihrem Gründungskonsens, der kommunistische mit sozialdemokratischen Elementen verband, so war damit jetzt Schluss. Vor dem Hintergrund der engen Anbindung an die kommunistische Weltbewegung wurde sie zu einer stalinistischen Kaderpartei umgeformt, radikal auf die Ideologie des Marxismus-Leninismus eingeschworen und den Prinzipien des »demokratischen Zentralismus« unterworfen. Das bedeutete strikte Hierarchie, auf dem Papier die Wahl aller Funktionsträger von unten nach oben, in der Realität aber vor allem strenge Parteidisziplin. Die Mitglieder hatten ihrer Führung fortan bedingungslos zu folgen, abweichende Meinungen wurden nicht mehr toleriert. Eine eigene Kontrollkommission wachte nun mit inquisitorischem Eifer über die »Einheit und Reinheit« der Partei und säuberte sie in unregelmäßigen Abständen von unzuverlässigen Genossen – oder solchen, die dafür gehalten wurden. Im Juni 1948 hatten die jugoslawischen Kommunisten unter Josip Broz Tito der Sowjetunion die Gefolgschaft verweigert, das durfte in Stalins Herrschaftsbereich nicht wieder vorkommen. Daher erfolgte eine solche Transformation zu »Parteien neuen Typus« in fast dem gesamten Ostblock, und der sowjetische Diktator ging noch einen Schritt weiter. Er widerrief die These von den besonderen, nationalen Wegen zum Sozialismus und erklärte das eigene Modell für universell gültig. Auch davon war jetzt keine Abweichung mehr möglich.

Diese Entwicklung stieß keineswegs auf Unbehagen unter den in Moskau geschulten Kadern der vormaligen KPD. Im

Gegenteil, sie waren ohnehin auf das sowjetische Modell fixiert und verstanden die Stalinisierung ihrer Partei wie ihres gesamten Machtbereiches eher als Fortschritt denn als Gängelung. Jetzt endlich schien der Zeitpunkt gekommen, um ihren Machtanspruch umfassend zu realisieren. Die sich zuspitzende Konfrontation zwischen den Siegermächten des Weltkrieges hatte jenes Klima geschaffen, in dem es überhaupt erst möglich wurde, innenpolitisch die eigenen Vorstellungen so rigoros durchzusetzen, Wirtschaft und Gesellschaft zu transformieren und Konkurrenten um die Macht auszuschalten. Im Westen Deutschlands mehrten sich die Zeichen, dass es einen eigenen Staat geben würde. Schon im Januar 1947 hatten sich die amerikanische und die britische zur Bizone zusammengeschlossen, und offen wurden dort inzwischen weiterführende Schritte diskutiert. Alles deutete darauf hin, dass auch im Osten des Landes in Kürze ein eigener Staat entstehen würde, der dann konsequenterweise ein Staat der SED wäre, auch wenn deren Macht lediglich von sowjetischen Gnaden verliehen war.

Doch es sollte ein letztes Mal anders kommen, und auch das resultierte aus den internationalen Konflikten. Mitte Juni 1948 gaben die Westmächte bekannt, dass in ihrem Einflussbereich eine Währungsreform erfolgen und die Deutsche Mark

∧ *Die Währungsreform sorgt in den westlichen Besatzungszonen für Verunsicherung, erweist sich aber bald als großer Erfolg.*

TÄGLICHE RUNDSCHAU

Zeitung für Politik, Wirtschaft und Kultur

Nr. 144 (948) 4. Jahrgang — Mittwoch 23. Juni 1948 — Preis 15 Pfg.

Demokratische Währungsreform in der sowjetischen Besatzungszone und in Berlin

Interessen des werktätigen Volkes berücksichtigt / Ein Beispiel sozialer Gerechtigkeit / Weitgehende Möglichkeiten für Entfaltung der Industrie und Landwirtschaft geschaffen

BEFEHL

des Obersten Chefs der Sowjetischen Militärverwaltung in Deutschland Nr. 111

Berlin, 23. Juni 1948

Inhalt: Ueber die Durchführung der Währungsreform in der sowjetischen Besatzungszone Deutschlands

fortan alleiniges Zahlungsmittel sein würde. Das bedeutete eine weitere Entfremdung der beiden deutschen Wirtschaftsräume, denn nun hatten die Westzonen endgültig eine eigene, gemeinsame Währung. Auch das war ein Schritt in Richtung Separatstaat. Der sowjetischen Seite, die wenige Tage später in ihrer Zone mit einer bereits längere Zeit geplanten Währungsreform nachzog, schien dies unakzeptabel – und sie ließ es auf eine Kraftprobe ankommen. Ort des Geschehens war Berlin, das aufgrund alliierter Abkommen ebenfalls in vier Besatzungszonen, die hier Sektoren hießen, unterteilt war. In Reaktion auf die Währungsreform riegelten sowjetische Truppen ab dem 24. Juni 1948 die Westsektoren ab; die erste Berlin-Krise nahm ihren Verlauf. Das Ziel dieser Aktion war nur zu offensichtlich: Im besten Fall sollten die Westmächte zum Abzug gedrängt und die gesamte Metropole in den sowjetischen Machtbereich eingegliedert werden. Das aber geschah nicht. Mithilfe einer gigantischen Luftbrücke sicherten die Westmächte die Versorgung ihrer Teile der Stadt und knüpften auf diese Weise wachsende Bande mit der Bevölkerung.

Damit konterkarierten sie die Bemühun

^ *Im Juni 1948 verkünden die Sowjets für die SBZ eine eigene Währungsreform, dann riegeln sie West-Berlin ab.*

gen Stalins; aus Besatzern wurden langsam Freunde. Für die sowjetische Seite hingegen geriet das Unternehmen zum Desaster; im Mai 1949 hob sie die Blockade wegen mangelnden Erfolges auf.

So lange sich ihre Schutzmacht in einem unmittelbaren Konflikt mit den westlichen Opponenten befand, der sich nicht zuletzt darum drehte, Territorialansprüche durchzusetzen, konnte die SED-Spitze kaum darauf hoffen, einen eigenen Staat gründen zu dürfen und damit vollendete Tatsachen zu schaffen. Das musste sie schmerzlich erleben, als sie im Dezember 1948 nach Moskau einbestellt wurde. Das, was ihnen Stalin dort höchstpersönlich verkündete, dürfte zu starker Ernüchterung geführt haben. Statt von einer erhofften Staatsgründung

^ *Mit einer Luftbrücke sichern die West-Alliierten die Versorgung West-Berlins (oben), Kinder spielen das eifrig nach (links).*

sprach der Despot plötzlich von ganz anderen Dingen. Er ver-
glich das bisherige Vorgehen der SED-Führung – das ohne seine Billigung so nicht hätte erfolgen können – mit dem Agieren
von »Teutonen«. Ihr »Kampf« erfolge »zu offen«, sie stünden
bisher »nicht vor der Macht«. Nicht einmal die Proklamierung
seiner Besatzungszone zur Volksdemokratie gestattete er. Das
wäre propagandistisch der nächste Schritt auf dem Weg zum
Sozialismus gewesen, sollte vorerst aber unterbleiben. Wiederum offenbarte sich, dass Stalins Interessen viel weiter reichten
als die der ostdeutschen Kommunisten. Für ihn war die SBZ
ein zwar wichtiger Teil seines Einflussbereiches – aber eben
nur einer unter vielen.

Gleichwohl gab es durchaus Hoffnung für Wilhelm Pieck,
Walter Ulbricht und die sie begleitenden Genossen. Denn
das große Ziel an sich stellte Stalin auch für die SBZ nicht
infrage. Aber er forderte eine »opportunistische Politik zum
Sozialismus«, »nicht direkte Eingriffe, sondern Zickzack«.[7] Es
sollten allerdings keine zehn Monate mehr vergehen, dann war
Schluss mit dem taktischen Geplänkel.

---

7   Rolf Badstübner/Wilfried Loth (Hg.), Wilhelm Pieck – Aufzeichnungen zur Deutsch-
    landpolitik 1945-1953, Berlin 1994, Zitate S. 260f.

^ *Wartende Menschen und lange Schlangen gehören zum Alltag. Hier
1948 in Ost-Berlin im Zusammenhang mit der Währungsreform.*

DIE GRÜNDUNG
DER DDR

Der 7. Oktober 1949 war ein Freitag, das Wetter herbstlich-schön. Der Tag sollte Geschichte schreiben. In den späten Vormittagsstunden versammelte sich im Haus der Deutschen Wirtschaftskommission, dem früheren Reichsluftfahrtministerium unweit der Sektorengrenze zu West-Berlin, der Deutsche Volksrat. Von der SED gegründet und gelenkt, erklärte er sich nun zur Provisorischen Regierung, zugleich wurde eine Verfassung in Kraft gesetzt. Damit war die Deutsche Demokratische Republik, kurz DDR, ins Leben gerufen; Wilhelm Pieck wurde ihr Präsident, Otto Grotewohl ihr erster Ministerpräsident, Ost-Berlin Hauptstadt.

Diesem Verwaltungsakt folgte vier Tage später die öffentliche Akklamation. Auch sie war wohl-inszeniert: Auf dem Bou-

^ *Wilhelm Pieck, erster und einziger Präsident der DDR, spricht zur Gründung des Landes. In Moskau hört man eifrig mit.*

levard Unter den Linden huldigten hunderttausende Mitglieder der Freien Deutschen Jugend dem neuen Staat und seiner Führung. Dass das durch einen Fackelzug geschah, der allzu fatal an die vorangegangene Diktatur erinnerte, schien kaum zu stören. Das Gelöbnis der Jugend auf die DDR sprach ein vergleichsweise junger SED-Funktionär, von dem in Zukunft noch einiges zu hören sein würde, Erich Honecker. Hochrufe erschallten: auf die DDR, ihre Repräsentanten und natürlich auch auf den vermeintlich größten Freund der Menschheit, Stalin.

Dieser ließ sich seinerseits nicht lumpen und revanchierte sich zwei Tage später mit einem überschwänglichen Telegramm, in dem es unter anderem hieß:

>Die Bildung der friedliebenden Deutschen Demokratischen Republik ist ein Wendepunkt in der Geschichte Europas. ... Wenn Sie so den Grundstein für ein einheitliches, demokratisches und friedliebendes Deutschland legen, vollbringen Sie gleichzeitig ein großes Werk für ganz Europa«.[8]

Hier schien ein Widerspruch vorzuliegen: Die Gründung eines Separatstaates als Ausgangspunkt für ein geeintes Deutschland? Prinzipiell, das sollten die kommenden Jahre zeigen, meinte es Stalin ernst damit. Für ihn war die DDR jenes Modell, das es auf ganz Deutschland auszudehnen galt. Nicht zuletzt hätte

---

8   Neues Deutschland, Zentralorgan der Sozialistischen Einheitspartei Deutschlands, 15. Oktober 1949, S. 1.

∧   *Ost-Berlin, Unter den Linden, 11. Oktober 1949. Öffentlich wird die Gründung des »Arbeiter- und Bauernstaates« zelebriert.*

das eine Erweiterung seines eigenen Machtbereiches bedeutet. Und so mussten seine ostdeutschen Statthalter auch zukünftig betonen, dass sie die Bewahrer der deutschen Einheit seien – obwohl sie in der Praxis alles taten, um ihr Staatswesen gen Westen abzugrenzen. Propaganda und Realität konnten kaum in einem schärferen Gegensatz stehen.

Die Staatsgründung kam keineswegs überraschend. Nachdem die Auseinandersetzung um die Berlin-Blockade ausgetragen war, entfielen die bereits genannten Hemmnisse. Zudem war in den westlichen Besatzungszonen schon am 23. Mai 1949 das Grundgesetz verkündet worden. Am 7. September konstituierten sich nach allgemeinen, freien und geheimen Wahlen in Bonn Bundestag und Bundesrat – die Bundesrepublik Deutschland hatte das Licht der Welt erblickt. Stalin, der diesen Schritt hatte kommen sehen und ihn geduldig abwartete, erlaubte daraufhin am 27. September der abermals nach Moskau einbestellten SED-Spitze die Gründung eines eigenen Staates; von Wahlen war dabei keine Rede. Die DDR war ein Kind des Kalten Krieges, vor allem aber des sowjetischen Machtkalküls und des Machthungers führender SED-Kader.

In den vorangegangenen Jahren hatten sie – im Rahmen der von der Besatzungsmacht jeweils gesetzten Grenzen – wesentliche Voraussetzungen dafür geschaffen, ihre »Diktatur des Proletariats«, die faktisch die Diktatur ihrer Partei sein würde, errichten zu können. Noch immer durfte nicht die Rede von einer sozialistischen DDR sein, doch der Weg dorthin war vorgezeichnet. In den Städten und Dörfern des neu gegründeten

^ *Auch die Bundesrepublik erblickt 1949 das Licht der Welt. Am 23. Mai wird das Grundgesetz verkündet (Mitte: Konrad Adenauer).*

Landes hatte es bereits gewaltige Umgestaltungsmaßnahmen gegeben, die alte Eliten verdrängten und Platz für neue Karrieren schufen. Die Blockparteien und die Massenorganisationen waren gleichgeschaltet, von dort war kein Widerstand mehr zu erwarten. Der Aufbau der Volkspolizei, politische Prozesse, Willkürurteile und kreischende Propaganda gehörten bereits zum Erscheinungsbild; jeglicher Widerstand gegen den offiziellen Kurs wurde energisch gebrochen.

Dass die SED, die inzwischen fast zwei Millionen Mitglieder hatte, auf ihrem Weg zur Macht so schnell vorankommen konnte, hatte aber auch Gründe, die jenseits von Opportunismus, Repression und sowjetischer Unterstützung lagen. Mit ihrem Mythos von der Arbeiterpartei bot sie dem proletarischen Milieu positive Identifikationsmöglichkeiten. Zudem präsentierte sie sich als radikalster Gegenentwurf zur nationalsozialistischen Herrschaft. Ihre diesbezügliche Kernbotschaft war nicht zu überhören: Niemand sonst kehre sich derart entschlossen von der finsteren Vergangenheit ab und arbeite ebenso entschlossen für eine lichte Zukunft. Dass sie erwiesenermaßen ganz andere Optionen anstrebte, änderte nichts an dem antifaschistischen Pathos, mit dem sie sich umgab, der ihr Anhänger sicherte und den sie bis 1989 pflegte. Nicht zuletzt hatte die Idee eines politisch linken Staatswesens schon immer eine gewisse Anhängerschaft gehabt – auch und vor allem un-

^ *Auf Grundlage zentraler Anweisungen wird die Gründung der DDR im gesamten Land gefeiert, hier am 12. Oktober 1949 in Dresden.*

SOZIALISTISCHE EINHEITSPARTEI DEUTSCHLANDS **SED**

ZENTRALSEKRETARIAT

Genossen
Joh. R. Becher
- - - - - - - -

BERLIN N 54, LOTHRINGER STRASSE 1

ZENTRALHAUS DER EINHEIT

IHRE ZEICHEN	IHRE NACHRICHT VOM	UNSERE ZEICHEN	TAG
BETREFF		II/P	2.11.1949

Werter Genosse!

Am

 Sonnabend, dem 5. November 1949 1o.oo Uhr
findet in der Wohnung des Genossen Pieck in
Berlin-Niederschönhausen, Viktoriastr. 12-13,
eine Zusammenkunft statt.

 Tagesordnung: Text und Komposition der
 Nationalhymne.
Wir bitten Dich um Dein Erscheinen.

 Büro des Sekretariats der SED

 (T h u n i g)

DRAHTWORT:	POSTSCHECKKONTO:	BANKKONTO:	FERNRUF:
SED BERLIN	BERLIN 580 82	BERLINER STADTKONTOR	SAMMELNUMMER
		NR. 1/05 786	42 00 56

IV. 140/7445 1482 11. 48

ter Intellektuellen. Hier schien diese Idee nun Wirklichkeit zu
werden. Auch das war ein Mythos und man musste die Augen
ziemlich oft verschließen, um daran glauben zu können. Doch
es gab Menschen, die das taten. Der DDR fehlte es unüberseh-
bar an Legitimation durch die eigene Bevölkerung, zu keinem
Zeitpunkt sollten sich ihre Repräsentanten freien Wahlen stellen. Befürworter hatte sie im Jahr 1949 gleichwohl.

---

^ *Ein weiteres Symbol staatlichen Selbstbewusstseins ist im Entstehen: die Nationalhymne. Ihr Text wird nur bis 1972 gesungen.*

Nur eine gesamt
überwindet di

^ *Ost-Berlin, 7. Oktober 1949. Gründung der Deutschen Demokrati-*
schen Republik durch den SED-gesteuerten Deutschen Volksrat.

17. JUNI 1953
AUFSTAND GEGEN DIE DIKTATUR

ABSOLUTER MACHTANSPRUCH

Im Zuge der Staatsgründung übergab die SMAD am 10. Oktober 1949 ihre Verwaltungsfunktionen an die provisorische Regierung der DDR. Sie selbst firmierte fortan als Sowjetische Kontrollkommission (SKK) und überwachte formell nur noch die Einhaltung der alliierten Beschlüsse. Tatsächlich aber blieb die SKK die letztlich bestimmende Instanz; sie allein fasste im Bedarfsfall nach Rücksprache mit Moskau die erforderlichen Beschlüsse und konnte jederzeit in das Agieren der SED-Spitze eingreifen. Vordergründig überließ sie ihren ostdeutschen Genossen jedoch das Heft des Handelns und das wussten diese durchaus zu nutzen. Wie sehr es der Partei bereits gelungen war, eine Monopolstellung aufzubauen, zeigte sich eine Woche später. Ein interner Beschluss, der über den gesamten Zeitraum der DDR-Geschichte Gültigkeit behielt und erst nach der Friedlichen Revolution von 1989/90 bekannt wurde, offenbarte die wahren Machtverhältnisse innerhalb des vermeintlichen Arbeiter- und Bauernstaates. Nicht das Volk, nicht das Parlament und auch nicht die Regierung bestimmten über die Geschicke des Landes, sondern allein die SED-Führung. Unzweideutig legte die Anweisung vom 17. Oktober 1949 fest:

»Gesetze und Verordnungen von Bedeutung, Materialien sonstiger Art, über die Regierungsbeschlüsse herbeigeführt werden sollen, weiterhin Vorschläge zum Erlaß von Gesetzen und Verordnungen müssen vor ihrer Verabschiedung durch die Volkskammer oder die Regie-

rung dem Politbüro bzw. Sekretariat des Politbüros zur Beschlußfassung übermittelt werden.«[9]

»Zur Beschlußfassung übermittelt« bedeutete nicht weniger, als dass fortan von deutscher Seite keine Entscheidungen

---

9   Matthias Judt (Hg.), DDR-Geschichte in Dokumenten. Beschlüsse, Berichte, interne Materialien und Alltagszeugnisse, Bonn 1998, S. 77.

grundsätzlicher Art mehr fielen, die nicht von der SED-Spitze bzw. dem höchsten Führungsgremium der Partei, dem Politbüro, getroffen oder von diesen zumindest gebilligt wurden. Die Macht der SED war von der Sowjetunion geliehen, ihre innenpolitischen Konkurrenten aber hatte die Partei längst hoffnungslos an den Rand gedrängt. Die Blockparteien und Massenorganisationen dienten nur noch dazu, der Alleinherr-

^ *Die Machtorgane zeigen fortwährend massive Präsenz, so auch im April 1949 bei einer Großrazzia am Berliner Alexanderplatz.*

schaft einen pluralistischen Anstrich zu geben und möglichst viele Bewohner der DDR auf möglichst vielen Wegen in die bestehenden Verhältnisse einzubinden. Mit Demokratie hatte das nichts zu tun; die uneingeschränkte Entscheidungsgewalt lag jetzt endgültig bei der SED-Führung.

Um ihre Vormachtstellung abzusichern und weiter auszubauen, ergriff die SED in rascher Folge eine Reihe von Maßnahmen, die ihrem Status als stalinistischer Kaderpartei entsprachen und die DDR nachhaltig prägten. Mit der Bodenreform und dem Volksentscheid in Sachsen hatte unmittelbar nach dem Krieg eine radikale Veränderung der Eigentumsverhältnisse begonnen. Das setzte sich nun fort; dabei kam ein Mittel der kommunistischen Bewegung zum Einsatz, das sich in den vergangenen Jahrzehnten schon in der Sowjetunion bewährt hatte und nun zeitgleich auch in anderen osteuropäischen Ländern bemüht wurde: der Schauprozess. Ob im industriellen Sektor oder gegenüber den landwirtschaftlichen Raiffeisengenossenschaften – landesweit inszenierte die Partei unter großem propagandistischen Aufwand öffentliche Spektakel, die darauf abzielten, überlieferte, unabhängige Strukturen zu zerschlagen und durch ideologisch definierte zu ersetzen. Dass auch die Justiz zuvor gesäubert und gleichgeschaltet worden war, erleichterte das Vorgehen wesentlich. Offiziell begründet wurden die Prozesse mit scheinbaren Notwendigkeiten. Es gehe darum, so wurde verkündet, »Handlanger der faschistischen Machthaber« zu entlarven und zu zeigen, dass »es für die Feinde unserer friedlichen Entwicklung keine Milde geben kann«[10]. Wer immer nicht bereit war, sich in das von der SED vorgegebene Modell bedingungslos zu integrieren, musste mit Verfolgung und langjährigen Gefängnisstrafen rechnen. Ganz nebenbei sicherte sich die Partei damit den Zugriff auf Produktion und Posten und versetzte sich so in die Lage, ihren Anhängern zusätzliche Aufstiegsmöglichkeiten eröffnen zu können.

Doch nicht nur vermeintliche Feinde der SED bekamen den verstärkten Macht- und Transformationswillen der Spitzenkader zu spüren, auch die eigenen Mitglieder gerieten immer stärker in den Fokus. Seit den späten 1940er Jahren hatte es Säuberungen innerhalb der Partei gegeben, 1951 erreichten

---

10 Landes-Zeitung. Organ der Sozialistischen Einheitspartei für Mecklenburg, 10. Juli 1951, S. 1.

sie einen ersten dramatischen Höhepunkt. Mit Hilfe von »Kritik und Selbstkritik« wurden unerwünschte, vor allem differenzierende Genossen aus den Reihen der Organisation entfernt. Wer immer in den Verdacht geriet, nicht bedingungslos der zentral vorgegebenen Linie zu folgen, lief Gefahr, Parteimitgliedschaft, Karrierechancen, Prestige und in vielen Fällen auch den Arbeitsplatz zu verlieren. Die Partei gab, und die Partei nahm: Mehr als 150 000 Mitglieder wurden 1951 aus ihren Reihen verstoßen. Ein positiver und durchaus gewollter Nebeneffekt: Auf die übrigen Mitglieder wirkte dieses Verfahren disziplinierend, der Anpassungsdruck erhöhte sich auch innerhalb der Partei. Die dahinter stehende Idee offenbarte sich sinnbildlich im nun immer aggressiver vorgetragenen »Lied der Partei«, das die SED nicht nur als »Mutter der Massen« glorifizierte, sondern schlichtweg festlegte: »Die Partei, die Partei, die hat immer Recht«. Widerspruch dagegen wurde nicht geduldet, egal, woher er kam.

Um ihren totalitär orientierten Machtanspruch gegen jeden Widerstand ausbauen zu können, hatte die SED-Führung Anfang 1950 die Gründung jener Institution bekannt geben lassen, die zum Synonym für Bespitzelung, Unterdrückung und Willkürherrschaft werden sollte: das Ministerium für Staatssicherheit (MfS). Schon zuvor gab es – etwa mit der berüchtigten »K 5« der Kriminalpolizei – in der SBZ/DDR geheimpolizeiliche Strukturen, doch erst mit der Gründung des

^ *Einer der ersten großen Schauprozesse findet 1950 in Dessau statt. Angeklagt ist auch der frühere Minister Leo Herwegen.*

GESETZBLATT

der

Deutschen Demokratischen Republik

1950	Berlin, den 21. Februar 1950	Nr. 15

Gesetz über die Bildung eines Ministeriums für Staatssicherheit.

Vom 8. Februar 1950

§ 1

Die bisher dem Ministerium des Innern unterstellte Hauptverwaltung zum Schutze der Volkswirtschaft wird zu einem selbständigen Ministerium für Staatssicherheit umgebildet. Das Gesetz vom 7. Oktober 1949 über die Provisorische Regierung der Deutschen Demokratischen Republik (GBl. S. 2) wird entsprechend geändert.

§ 2

Dieses Gesetz tritt mit seiner Verkündung in Kraft.
Berlin, den 8. Februar 1950

Das vorstehende, vom Präsidenten der Provisorischen Volkskammer unter dem 10. Februar 1950 ausgefertigte Gesetz wird hiermit verkündet.
Berlin, den 18. Februar 1950

Der Präsident
der Deutschen Demokratischen Republik
W. Pieck

MfS am 8. Februar 1950 wurden derartige Strukturen fest institutionalisiert. Zunächst noch mit wenig Personal ausgestattet und daher mit wenig Durchschlagskraft, entwickelte sich die Staatssicherheit alsbald zu einem der wichtigsten Machtgaranten der SED. Dabei gab es zu keinem Zeitpunkt Unklarheiten über das Unterstellungsverhältnis: Die SED-Führung war die alleinige Auftraggeberin, das MfS folgte ihr als »Schild und Schwert« bedingungslos und ohne Fragen zu stellen. Das sollte fast vierzig Jahre lang so bleiben.

^ *Zwei Paragraphen mit weitreichenden Folgen: Ende Februar 1950 wird die Gründung der Staatssicherheit offiziell bekanntgegeben.*

VERSCHÄRFTER KLASSENKAMPF

DER ERSTE ANLAUF
ZUM SOZIALISMUS

Es war der SED innerhalb weniger Jahre in verblüffendem Ausmaß gelungen, sich als alleiniges Machtzentrum in der DDR zu etablieren, ihre Konkurrenten auszuschalten und Zugriff auf Wirtschaft und Gesellschaft zu erlangen. Tatsächlich ging es aufwärts im zerstörten Land. Anfang der 1950er Jahre war die Nachkriegszeit endgültig vorbei, ein fragiler Alltag etablierte sich und die Lebensumstände schienen sich zu bessern. Wer die Augen vor den diktatorischen Willkürakten der SED verschloss und den offiziellen Verlautbarungen Glauben schenkte, konnte durchaus den Eindruck gewinnen, dass eine rosige Zukunft bevorstehe. Ohnehin würde die Partei ihren Umgestaltungseifer nicht auf Dauer durchhalten können, so mutmaßten nicht Wenige.

Genau das aber war ein fataler Irrtum. Die massiven Veränderungen der vorangegangenen Jahre waren nicht das Ende des Weges, sie waren erst der Anfang. Noch immer verschwiegen die Machthaber ihr eigentliches Ziel: den Aufbau eines sozialistischen Staates nach sowjetischem Vorbild. Noch immer blieb ihnen dieser Schritt wegen der außenpolitischen Interessen der Sowjetunion verwehrt. Denn noch immer hoffte die Schutzmacht, ihren Einfluss auf Gesamtdeutschland ausdehnen und damit zugleich die weitere Integration der Bundesrepublik in westliche Bündnisse verhindern zu können. Einen letzten Vorstoß in diese Richtung unternahm sie im Frühjahr 1952. Anfang März bot die Sowjetunion ihren früheren Verbündeten mit der so genannten »Stalin-Note« Verhandlungen über eine Wiedervereinigung Deutschlands an. Diese

Wiedervereinigung sollte freilich zu Moskauer Bedingungen erfolgen und war für die potenziellen Verhandlungspartner damit schlicht unakzeptabel; sie lehnten rundweg ab. Damit schwanden die gesamtdeutschen Ambitionen Stalins, der Weg zur Übertragung des eigenen politischen Systems auf die DDR war frei. In der ersten Aprilwoche wurde daraufhin die SED-Führung nach Moskau einbestellt und dort vom Kurswechsel unterrichtet. Abermals wurde in diesem Zusammenhang deutlich: Trotz aller Dominanz innerhalb der DDR blieb die SED letztlich eine Marionette Moskaus, hatte keinerlei Entscheidungsgewalt in grundsätzlichen Fragen, sondern lediglich ausführende Kompetenzen. Das aber dürfte von den deutschen Genossen kaum als Makel empfunden worden sein, galt die Sowjetunion doch ohnehin als alleiniger Impulsgeber der kommunistischen Bewegung, dem bedingungslos zu folgen sei.

^ *Die massive Abriegelung der innerdeutschen Grenze erfolgt ab Mai 1952. Hier das thüringisch-hessische Grenzgebiet bei Heldra.*

Aus Moskau zurückgekehrt, setzte die SED-Administration sofort die ersten Anweisungen um. Die Grenzen zur Bundesrepublik (nicht aber zu West-Berlin) wurden abgeriegelt, der Aufbau einer eigenen Armee in Gang gesetzt und im Rahmen einer Strukturreform die bestehenden Bundesländer aufgelöst und durch 15 Bezirke ersetzt. Die eigentliche, massive Kursverschärfung erfolgte wenig später, auf der 2. SED-Parteikonferenz, die im Juli 1952 in Ost-Berlin zelebriert wurde. Hier verkündete Walter Ulbricht als Generalsekretär der Partei:

»Die politischen und ökonomischen Bedingungen sowie das Bewußtsein der Arbeiterklasse und der Mehrheit der Werktätigen sind so weit entwickelt, daß der Aufbau des Sozialismus zur grundlegenden Aufgabe in der Deutschen Demokratischen Republik geworden ist.«

Er ergänzte, und dieser Stelle kommt entscheidende Bedeutung zu: »Es ist zu beachten, daß die Verschärfung des Klassenkampfes unvermeidlich ist und die Werktätigen den Widerstand der feindlichen Kräfte brechen müssen.«[11] Mit den »Werktätigen« meinte er die eigene Partei, und was er formulierte, war eine

---

11 Dokumente der Sozialistischen Einheitspartei Deutschlands. Beschlüsse und Erklärungen des Zentralkomitees sowie seines Politbüros und seines Sekretariats, hg. vom ZK der SED, Bd. IV, Berlin (Ost) 1954, S. 73.

^ *Ein Meilenstein der DDR-Geschichte. Auf ihrer 2. Parteikonferenz beschließt die SED den Aufbau des Sozialismus.*

Kampfansage an die Bevölkerung – eine Kampfansage, die unmittelbar in den Volksaufstand vom Juni 1953 führen sollte.

Denn was folgte, war ein Jahr ebenso unerbittlicher wie ungebremster Machtausübung der SED. Gestützt auf die theoretischen Schriften des Marxismus-Leninismus und orientiert am Beispiel Sowjetunion setzte sie zum großen Sprung, zum erzwungenen Sozialismus an. Im Rausch des Klassenkampfes verlor sie jeglichen Maßstab und bedrängte nahezu alle Bevölkerungsschichten. Die Abriegelung der innerdeutschen Grenze hatte Familien, Kontakte und Traditionen zerrissen. Die Remilitarisierung band finanzielle wie materielle Ressourcen, die dem Konsumsektor entzogen wurden. Der von Stalin angeordnete, einseitige Ausbau der Schwerindustrie ging zu Las-

^ *Auch in die Dörfer soll der Sozialismus Einzug halten. Um den Widerstand zu brechen, schickt die SED Industriearbeiter.*

ten jeglicher anderer Bereiche. All das kostete Geld, das sich der SED-Staat zunächst beschaffen musste. Auch dazu war nun jedes Mittel recht. Händler, Gewerbetreibende, Landwirte und sonstige Selbstständige wurden mit Steuern und Abgaben in bisher nicht gekannter Höhe überzogen. Wer nicht in der Lage war, den neuen Anforderungen gerecht zu werden, wurde enteignet, bestraft, eingesperrt. Selbst für geringste Vergehen drohten hohe Gefängnisstrafen; weit höher noch, als dies bisher ohnehin schon der Fall gewesen war. Fast wichtiger war noch, gegen wen nun verhandelt wurde: Das waren keine Kapitalisten oder Klassenfeinde, sondern die eigene Bevölkerung. Jener Heizer, der einige Kohlen mit nach Hause nahm, jener Bäcker, der nicht verkauftes Brot weitergab, jene Frau, die auf abgeernteten Feldern stoppelte – sie alle wurden zu langjährigen Haftstrafen verurteilt. Allein zwischen Juli 1952 bis zum Mai 1953 stieg die Zahl der Inhaftierten von 31 000 auf über 66 000 an. Die Bevölkerung sollte erzogen, mit aller Härte zur sozialistischen Utopie bekehrt werden.

Hinzu kamen Enteignungen der übelsten Art. Auf der Grundlage einer einzigen Verordnung wurden am Beginn des Jahres 1953 innerhalb von sechs Wochen mehr als 6500 Bauernhöfe verstaatlicht. Im Rahmen der berühmt-berüchtigten »Aktion Rose« wurden wenig später an der Ostseeküste mehr als 600 Pensionen, Hotels und Gaststätten konfisziert; ein kompletter Berufsstand, das private Beherbergungswesen, verschwand von der Bildfläche.

^ *Das Vorbild für den Sozialismus und den verschärften Klassenkampf ist bekannt und wird klar benannt: die Sowjetunion.*

Ein weiterer gewaltvoller, konfliktgeladener und folgenreicher Transformationsprozess betraf den ländlichen Raum der DDR: die Kollektivierung der Agrarwirtschaft. Damit sollte die Existenz der privaten Bauern beendet und an ihre Stelle ein Netz von staatlich gelenkten Produktionsgenossenschaften (LPG) gesetzt werden. Ihnen sollten die Privatbauern »freiwillig« beitreten, doch die wenigsten wollten das tun. Also kam auch hier der unerbittliche Zwang zum Einsatz. SED-nahe Funktionäre in den Gemeinden wurden bewaffnet, Landwirte diffamiert, Schauprozesse organisiert und vieles andere mehr. Regte sich dagegen Protest, wurde dieser wiederum mit aller Konsequenz unterdrückt. Der »verschärfte Klassenkampf« hatte auch die Dörfer der DDR erreicht; auf Traditionen, gewachsene Strukturen oder überliefertes Wissen konnte dabei keine Rücksicht genommen werden. Es galt, die Realität an die Anforderungen der Ideologie anzupassen, da waren Kollateralschäden aus Sicht der SED unvermeidlich. Und dazu gehörte auch, dass sich die Versorgung der gesamten Bevölkerung mit Lebensmitteln drastisch verschlechterte.

Zugleich kämpften die Machthaber an vielen weiteren Fronten: Relikte des Bürgertums sollten beseitigt werden, ein harter Kampf gegen die Kirchen, insbesondere die »Junge Gemeinde«, setzte ein und auch die vermeintlich Herrschenden im Staat, die Arbeiter, blieben nicht verschont: Sozialpolitische Errungenschaften wurden zurückgenommen, Preise angehoben, Lebensmittelkarten entzogen und Arbeitsnormen erhöht.

^ *Der Klassenkampf fordert im ganzen Land Opfer, so auch in Wismar. Hier wird unter anderem das Hotel »Reuterhaus« enteignet.*

„Junge Gemeinde"-Tarnorganisation für Kriegshetze, Sabotage und Spionage im USA-Auftrag

Schändlicher Mißbrauch des christlichen Glaubens / „Junge Gemeinde" wird von den westdeutschen und amerikanischen Imperialisten dirigiert / Enthüllungen über die Verbindungsleute der „Jungen Gemeinde" im Westen / Ehemaliger Gestapo-Agent – als „Diakon" getarnter USA-Spion

Ein angeblicher Studentenpfarrer

Aus dem Inhalt:

Tatsachen über Jugendmißhandlungen in den Pfeifferschen Stiftungen Seite 3

Ein Sturm des Protestes gegen das Treiben der „Jungen Gemeinde" Seite 6

Das sind die Hetztafeln der illegalen „Jungen Gemeinde"

All diese Maßnahmen resultierten einzig und allein aus dem Machtstreben der SED und ihrer Vision von einer glücklichen, sozialistischen Zukunft. Weder hatte sie dazu die Zustimmung der Bevölkerung eingeholt, noch ihre Herrschaft überhaupt legitimiert. Mittlerweile führte die Partei einen sozialen Krieg gegen die eigene Gesellschaft. Der »verschärfte Klassenkampf« sollte erzwingen, was die Mehrheit offensichtlich nicht wollte. Und dann, plötzlich, ohne Vorankündigung und ohne weitere Erläuterung änderte die SED ihren Kurs noch einmal fundamental.

VERSCHÄRFTER KLASSENKAMPF

^ *Verdrängung und Neugestaltung laufen parallel. Die »Junge Gemeinde« ist Feindbild, die Berliner Stalinallee wächst rasant.*

DER VOLKSAUFSTAND

Am 9. Juni 1953 beschloss das SED-Politbüro ein Kommuniqué, das als »Der Neue Kurs« in die Geschichte eingehen sollte. Es wurde in den Folgetagen veröffentlicht und war vor allem eines: eine politische Bankrotterklärung. Erstmals (und letztmalig) gestand jene Partei, die von sich selbst behauptete, immer Recht zu haben, ausdrücklich Fehler ein. Das Bündel von Maßnahmen, das sie nun ankündigte, konterkarierte ihr eigenes, rücksichtsloses Handeln der vergangenen Monate zutiefst. Fast alle Entwicklungen, die seit der 2. Parteikonferenz vorangetrieben worden waren, sollten rückgängig gemacht und der vorherige Zustand weitgehend wieder hergestellt werden. Privatbetriebe, so wurde angekündigt, würden wieder eröffnet, Zwangssteuern ausgesetzt, Preiserhöhungen und Kürzungen von Sozialleistungen zurückgenommen, der Kampf gegen die »Junge Gemeinde« beendet, Bauern in ihre alten Rechte eingesetzt werden und vieles andere mehr. Insbesondere sollten auch all jene Gerichtsurteile überprüft werden, die unter dem Vorzeichen des »verschärften Klassenkampfes« ergangen waren und alle Inhaftierten, die eine Strafe von bis zu drei Jahren absaßen, sofort in die Freiheit entlassen werden. Schärfer hätte ein Kurswechsel nicht ausfallen, deutlicher das eigene Versagen nicht dokumentiert werden können.

Hatte die SED-Führung erkannt, dass ihr sozialer Krieg gegen das eigene Volk nicht die gewünschten Ergebnisse erbrachte und sich daraufhin für einen Kurswechsel entschieden? Keineswegs. Wäre es nach Walter Ulbricht, Wilhelm Pieck und anderen herausragenden SED-Genossen gegangen, hätte sich

kurzfristig nichts, aber auch gar nichts geändert. Noch immer aber fielen die grundsätzlichen Entscheidungen nicht in Ost-Berlin, sondern in Moskau. Und dort hatten sich die Voraussetzungen in einem entscheidenden Punkt geändert: Am 5. März 1953 war Stalin gestorben. Seine potenziellen Nachfolger stritten erbittert um die Macht, trachteten aber auch danach, ihr gesamtes Herrschaftsgebiet zu konsolidieren. Das schien ihnen vor allem hinsichtlich der DDR dringend angeraten. Zwar überschauten die sowjetischen Spitzenfunktionäre die dortige Lage im Einzelnen kaum, doch gab es einen Indikator, der sie zutiefst beunruhigte. Infolge der verfehlten Politik seit dem Sommer 1952 hatte sich die Zahl derjenigen dramatisch erhöht, die der DDR dauerhaft den Rücken kehrten und ihr Glück fortan in der Bundesrepublik suchten. Allein im März 1953 waren das mehr als 31 000 Personen gewesen, unter der ländlichen Bevölkerung hatten sich die Fluchtzahlen binnen Jahresfrist gar um mehr als eintausend Prozent erhöht. Das war schon aus rein propagandistischen Gründen eine Katastrophe, wurde in Moskau nun

^ *Am 9. März 1953 ergießt sich ein Trauerzug in die Stalinallee.
Der sowjetische Diktator wird am selben Tag in Moskau beerdigt.*

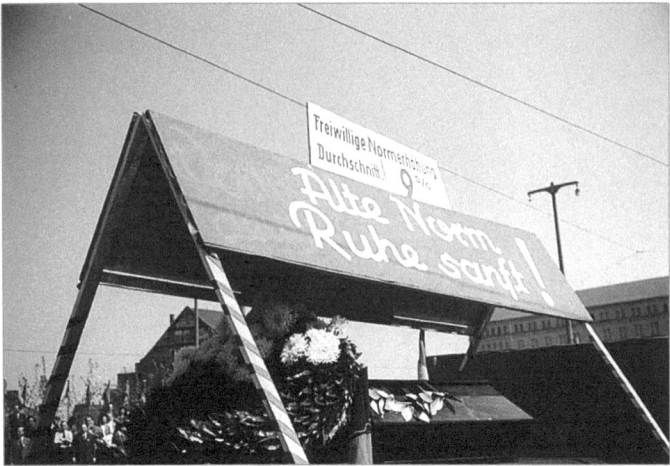

aber zunehmend als existenzielle Bedrohung für den ostdeutschen Teilstaat wahrgenommen. Einen weiteren Aderlass, davon war man überzeugt, würde sich das Land nicht leisten können. Also wurde die SED-Führung Anfang Juni 1953 wieder einmal in die sowjetische Hauptstadt einberufen und ihr dort ultimativ jene Schritte auferlegt, die sich schließlich im »Neuen Kurs« wiederfinden sollten. Das sollte die Lage stabilisieren, doch das genaue Gegenteil trat ein.

Die Bevölkerung, die den Klassenkampf in den vergangenen Monaten am eigenen Leibe erlitten und für geringste Verfehlungen die Härte des Staates unmittelbar zu spüren bekommen hatte, forderte auch personelle Konsequenzen, insbesondere den Rücktritt Ulbrichts. Doch diese Konsequenzen blieben aus. Darüber hinaus kam im »Neuen Kurs« ein entscheidender Punkt nicht zur Sprache: die Normenerhöhungen für die Arbeiter. Erst Ende Mai war verkündet worden, dass bis zum 30. Juni, ausgerechnet zum 60. Geburtstag Ulbrichts, alle Arbeitsnormen um bis zu zehn Prozent anzuheben seien. Faktisch konnte das zu Lohnkürzungen von 20 bis 40 Prozent führen, da nun zumeist auch keine Sonderprämien für die Übererfüllung der Pläne mehr erwirtschaftet werden konnten. In der Arbeiterklasse, die der offiziellen Doktrin nach im Land herrschte, brodelte es.

Bevor allerdings der Sturm in den Städten losbrach, erhoben sich die Dörfer. Das wurde überregional kaum wahrgenommen und ist daher bis heute nur wenig bekannt, doch es

^ *Die Normenerhöhungen erfolgen offiziell freiwillig und werden öffentlich gefeiert, wie hier in Leipzig am 1. Mai 1953.*

waren die kleinen Gemeinden, in denen die Rebellion begann. Bereits unmittelbar nach Verkündung des »Neuen Kurses« berichteten offizielle Stellen, dass es in allen Bezirken Siegesfeiern gäbe, auf denen Bauern das Ende der SED-Herrschaft und die bevorstehende Wiedervereinigung der beiden deutschen Staaten feierten. Die Kollektivierung hatte die Dörfer überall mit großer Härte getroffen, daher konnte es kaum verwundern, dass es nun überall zu Gegenbewegungen kam. Wie explosiv die Stimmung war und wie brisant die Aktionen in den Dörfern, zeigte sich spätestens ab dem 13. Juni. Besonders deutlich wurde das etwa im thüringischen Örtchen Körner. Hier fand eigentlich eine Versammlung zur Vorbereitung der Ernte statt, doch dann überschlugen sich die Ereignisse. Alsbald skandierte die Menge »Raus mit dem Bürgermeister«[12], schließlich wurde der Amtsträger gar mit dem Tode bedroht. Anrückende Polizisten verhinderten die finale Konfrontation, doch noch am selben Abend beschlossen die Gemeindevertreter – mit Ausnahme der SED-Mitglieder – ein Abwahlverfahren gegen den Ortsvorsteher. Das war ein hoch politischer, bis dahin undenkbarer Akt, und Ähnliches fand schon zu diesem frühen Zeitpunkt in weiteren Dörfern statt.

Auch in etlichen Städten der DDR kam es vor dem 17. Juni zu offenem Widerstand. In Brandenburg an der Havel demons-

---

12 Telefonische Durchsage vom 13. Juni 1953, in: Jürgen Gruhle, Ohne Gott und Sonnenschein. Eine Dokumentation, Band 3, Nauendorf 2002, S. 39.

^ *In Jessen (Bezirk Cottbus) versammeln sich Bauern umliegender Dörfer und erzwingen die Freilassung von Berufskollegen.*

trierten am 12. Juni aufgebrachte Bürger und attackierten Gebäude des verhassten Systems, im sächsischen Kreis Meißen streikten Arbeiter am 15. Mai gegen die Normenerhöhung und im mecklenburgischen Güstrow protestierte die Belegschaft eines mittelständischen Betriebes am 16. Juni öffentlich gegen die fortwährende Inhaftierung ihres Juniorchefs. Die DDR war in Aufruhr, doch noch fehlte der überregional sichtbare Funke, der den landesweiten Volksaufstand auslösen würde.

In den Nachmittagsstunden des 16. Juni 1953 war es so weit. Nachdem es schon am Vortag einige Unruhe gegeben hatte, formierte sich entlang der Baustellen an der Ost-Berliner Stalinallee ein anschwellender Protestzug, der sich zunächst nur gegen die Normenerhöhungen richtete. Dabei aber blieb es nicht, sehr schnell brachen sich weiterreichende Forderungen Bahn. Vor dem Haus der Ministerien, in dem 1949 die DDR formell gegründet worden war, eskalierte die Situation. Obwohl gegen 14:30 Uhr die Rücknahme der Arbeitsnormen verkündet wurde, zerstreuten sich die Demonstranten nicht. Im Gegenteil: Nun forderten sie freie und geheime Wahlen, was ein Ende der SED-Diktatur bedeutet hätte, und – sie riefen zum Generalstreik für den folgenden Tag auf. Den ganzen Tag hatten unabhängige Medien aus West-Berlin live über die Ereignisse berichtet; als sich die Arbeiter in den Abendstunden in alle Winde zerstreuten, warteten alle Beteiligten gespannt auf den folgenden Morgen.

Der 17. Juni 1953 brachte in vielerlei Hinsicht Klarheit. Ab den Morgenstunden erhob sich überall im Land die Bevölke-

^ *Berlin wird zum Brennpunkt des Aufstandes, die Forderung nach sofortiger Normensenkung nur einer von vielen Zündfunken.*

rung. Inzwischen ging es dabei nicht mehr um Normenerhöhungen oder gekürzte Sozialleistungen. Es ging um die Machtfrage. Die Forderungen der Demonstranten ähnelten sich allerorts; nicht, weil es eine zentrale Steuerung des Aufstandes gab, sondern weil dieser eine direkte Reaktion auf den »verschärften Klassenkampf« der Vormonate war. Aus der gleichen Ausgangslage resultierten gleiche Probleme, die gleiche Verbitterung und damit auch die gleichen Forderungen. Wie schon zuvor in den Dörfern wurde nun auch in den Städten flächendeckend das Ende der SED-Herrschaft und die Vereinigung der beiden deutschen Staaten gefordert. Weit mehr als 700 Orte der DDR beteiligten sich an der Erhebung, weit mehr als eine Million Menschen bezogen dabei auf den Straßen aktiv Stellung. Berlin blieb das sichtbarste Zentrum, doch die Bilder ähnelten sich im gesamten Land. In den Vormittagsstunden herrschte weitgehende Gelassenheit, die Aufständischen waren sich ihrer Sache sicher und wähnten sich als Sieger. Sie sangen antisozialistische Lieder, attackierten Vertreter des Regimes und skandierten ihre Forderungen. Das Ende des SED-Staates schien nah. Zu offensichtlich war dessen Ablehnung durch die Bevölkerung.

Dann aber griffen Truppen der Roten Armee ein. Denn schon in der Nacht zuvor war in Moskau beschlossen worden, jegliche Rebellion unter Einsatz aller zur Verfügung stehenden Mittel zu unterdrücken. Ein Wegbrechen des westlichsten Vorpostens der

^ *Auch in der Leipziger Innenstadt protestieren die Bewohner und attackieren Gebäude der Staatssicherheit sowie das Gefängnis.*

^ *An der Schnittstelle zwischen Ost- und West-Berlin, dem Potsdamer Platz, eskaliert die Lage in den Mittagsstunden des 17. Juni.*

sowjetischen Einflusszone sollte unbedingt verhindert werden, zumal die Gefahr bestand, dass es ansonsten auch in anderen Ländern zu Freiheitsbestrebungen kommen könnte. Es galt, ein Zeichen zu setzen. Entsprechend entschlossen gingen die bewaffneten Kräfte vor. Wo immer es nötig erschien, griffen sie mit großer Härte, bis hin zu standrechtlichen Erschießungen, durch. Zumeist aber genügte es bereits, dass die Truppen vor Ort erschienen, mit Militärfahrzeugen in die Menge rollten und drohend die Auflösung der Proteste forderten. Wenige Jahre nach dem Krieg wagten es nur Wenige, sich direkt mit der früheren Siegermacht anzulegen. Über 167 der 217 Landkreise der DDR verhängten sowjetische Stellen den Ausnahmezustand, die ostdeutschen Spitzen von Partei und Regierung saßen währenddessen teilnahmslos im Hauptquartier der Roten Armee im Berliner Stadtteil Karlshorst. Unterdessen zeigte sich, dass es dem Aufstand für einen Erfolg an grundsätzlichen Voraussetzungen fehlte. Es gab kein klar definiertes Ziel, es mangelte an Führungspersönlichkeiten ebenso wie an Logistik und Kommunikation und es hatte keine nennenswerten Vorbereitungen gegeben. Der Volksaufstand war mit kurzem zeitlichem Vorlauf spontan erfolgt und er wurde entschlossen niedergeschlagen. Zwar sollte er einige Nachwehen hervorbringen, in einigen Städten erst am 18. Juni beginnen und in den Dörfern bis zum Jahresende für Unruhe sorgen, doch prinzipiell war sein Schicksal schon am Abend des 17. Juni 1953 besiegelt. Er war vorbei, und er hatte mindestens 55 Menschen das Leben gekostet.

^ *Wie hier in Berlin, so zeigen sowjetische Panzer überall in der DDR massive Präsenz. Der Aufstand bricht daraufhin zusammen.*

^ *Berlin, Szenen eines Volksaufstandes. Die rote Fahne wird vom Brandenburger Tor geholt, die schwarz-rot-goldene geschwenkt.*

^ *Die Wut der Demonstranten entlädt sich vor allem gegen Ob-*
jekte und Gebäude, die das herrschende System repräsentieren.

^ *Gegen Mittag rollen die Panzer an. Ranghohe Vertreter der Besatzungsmacht versuchen zu beschwichtigen. Das misslingt gänzlich.*

^ *Noch immer sind die Demonstranten siegesgewiss und artikulieren
ihre Frustration vernehmbar. Doch allmählich kippt die Lage.*

^ *Entsetzen macht sich breit. Die Aufständischen versuchen über die*
innerstädtische Sektorengrenze nach West-Berlin zu gelangen.

^ *Den sowjetischen Panzern ist kaum etwas entgegenzusetzen.*
Allmählich leeren sich die Straßen, die Menschen weichen aus.

^ *Am Abend ist die Lage unter Kontrolle. West-Berlin wird abgerie-*
gelt. Erst 1989 wird es wieder zu massiven Protesten kommen.

13. AUGUST 1961
VERMAUERTE UTOPIE

RUHE NACH DEM STURM

D er Volksaufstand erschütterte die Machthaber zutiefst, und er blieb bis 1989 das zentrale Trauma der SED-Spitze. Allerdings folgte daraus weder eine nennenswerte Ursachenanalyse noch eine grundsätzliche Veränderung der politischen Linie. Ganz im Gegenteil, schon Mitte Juli 1953 schwand jeder Zweifel: Die »Generallinie war und bleibt richtig«[13], verkündete die Parteiführung. Schnell wurde die Legende von einem faschistischen Putsch, einem »Tag X«, festgeschrieben, der von westdeutschen Agenten ausgelöst und vorangetrieben worden sei, um die erfolgreiche Entwicklung der DDR zu sabotieren. Zwar gelang es trotz intensiver Bemühungen auch der Staatssicherheit nicht, für diese These Beweise zu erbringen, doch blieb sie bis zum Ende der DDR gültig. Alle Legendenbildung konnte indes an einem Umstand nichts ändern. Der 17. Juni 1953 hatte in aller Klarheit gezeigt, dass die selbst ernannte Partei der Arbeiterklasse für ihre Politik über keinerlei Mehrheiten verfügte und ihr Fortbestehen einzig und allein sowjetischen Truppen zu verdanken war. Sollte deren Unterstützung irgendwann bröckeln, würde auch die eigene Macht zur Disposition stehen.

Zunächst aber galt es, die DDR zu stabilisieren und ein Land in Aufruhr zu befrieden. Mit einer Mischung aus Zuckerbrot und Peitsche gelang dies zunehmend. Bis zu 15 000 Personen waren im Zusammenhang mit dem Volksaufstand verhaftet worden, die meisten von ihnen am Jahresende jedoch

---

13 Entschließung des Zentralkomitees vom 26. Juli 1953, in: Dokumente der SED, Bd. IV, S. 467.

wieder auf freiem Fuß. Zugleich verhängten deutsche Gerichte bis Ende 1954 mehr als 1500 zum Teil langjährige Haftstrafen und zwei höchst fragwürdige Todesurteile. Wieder einmal kam es zu zahlreichen Schauprozessen, mit deren Hilfe vor allem der Nachweis erbracht werden sollte, dass nicht die Politik der SED, sondern konterrevolutionäre, vom Klassenfeind gesteuerte Elemente zum Aufbegehren geführt hätten. Auch vor den eigenen Reihen machten die Strafaktionen nicht halt. Neuerliche Säuberungen der Partei waren die Folge, auch Spitzenfunktionäre kamen nicht ungeschoren davon. »Das Streikrecht der Gewerkschaften ist gewährleistet«, schrieb Artikel 14 der DDR-Verfassung fest. Daran erinnerte Justizminister Max Fechner öffentlich und zahlte dafür mit einer mehrjährigen Zuchthausstrafe. Sowjetische Militärtribunale verurteilten bis zu 750 Teilnehmer des Aufstandes. Ironischerweise sollten ausgerechnet sie Glück im Unglück haben: Als der bundesdeutsche Kanzler Adenauer 1955 in Moskau die Rückführung der deutschen Kriegsgefangenen aus der Sowjetunion vereinbarte, umfasste dies auch die Juni-Verurteilten. Jene hingegen, die von deutschen Stellen gerichtet wurden, mussten ihre Strafe zumeist bis zum letzten Tag absitzen.

Neben der strafrechtlichen Verfolgung, die unverhohlen auch abschreckende Wirkung erzielen sollte, baute die SED ihren Überwachungs- und Unterdrückungsapparat aus. Das Ministerium für Staatssicherheit, das wegen seines Versagens im Vorfeld des Aufstandes vorerst zum Staatssekretariat zurückgestuft wurde, erlebte einen massiven personellen und strukturellen Ausbau. Die Volkspolizei, bisher über ihre Abschnittsbevollmächtigten (ABV) nur rudimentär vor Ort vertreten, wurde schrittweise zu einem flächendeckenden Netz ausgebaut. Die Massenorganisationen wurden stärker als bisher auf die Überwachung der Bevölkerung ausgerichtet und die paramilitärischen Kampfgruppen der Arbeiterklasse rigoros aufgestockt; eine allgemeine, tiefgreifende Militarisierung von Herrschaft und Gesellschaft war nicht zu übersehen.

Das aber war nur eine Seite der Medaille. Neben der Repression suchte die SED nach Ausgleich mit der gebeutelten Bevölkerung. Dem »verschärften Klassenkampf« schwor sie (vorerst) öffentlichkeitswirksam ab und setzte auch die Ankündigungen des »Neuen Kurses« weitgehend um. Dem

Privateigentum kam wieder mehr Bedeutung zu, der Kampf gegen die Kirchen wurde abgeschwächt, die Kollektivierung der Bauernbetriebe nicht mehr erzwungen. Normen wurden herabgesetzt und Sozialleistungen neuerlich gewährt. Partei und Justiz prüften politische Urteile aus der Zeit vor dem Aufstand und entließen innerhalb weniger Monate etwa 24 000 Häftlinge. Überhaupt schien eine moderate Phase anzubrechen, ein Prozess der Entstalinisierung in Gang zu kommen: Der Ton in der gleichgeschalteten Presse war plötzlich zurückhaltend, Kunst und Kultur konnten sich freier ausdrücken als lange zuvor und selbst das ununterbrochene Propagandafeuer der Vormonate brach ab. Auf einmal war wieder die Rede von Freizeit und Vergnügen, auch der Konsumsektor erfuhr eine spürbare Stärkung. Statt auf Konfrontation schien die SED nun auf Kooperation mit dem Volk zu setzen. In einem Punkt hatte die Partei tatsächlich aus ihrer verfehlten Klassenkampfpolitik gelernt: Ein allzu hartes Vorgehen würde die Gesellschaft erneut gegen sie aufbringen. Das galt es vorerst um jeden Preis zu verhindern, zunächst musste die Situation insgesamt stabilisiert werden. Mit Einsicht in eigene Fehler oder einem grundlegenden Kurswechsel hatte das nichts zu tun, mit Toleranz noch weniger. Wie sich alsbald zeigen sollte, ordnete sich dem Primärziel der Herrschaftssicherung lediglich alles andere unter.

^ *Die Kampfgruppen der Arbeiterklasse während einer 1.-Mai-Demonstration 1954. Sie erleben seit Monaten einen starken Ausbau.*

VON DER
ENTSTALINISIERUNG
ZUR RESTALINISIERUNG

Im gesamten Ostblock machte sich infolge des Volksaufstandes vom Juni 1953 zaghaft Tauwetter breit. Die sowjetische Hegemonialmacht gestattete den abhängigen Staaten
mehr Freiräume als je zuvor, verzichtete dabei allerdings zu
keinem Zeitpunkt auf ihren alleinigen Führungsanspruch. Im
September 1955 gewährte sie der DDR formal gar die völlige
Souveränität, doch allein die Präsenz von mehreren hunderttausend Soldaten der Roten Armee sicherte ihr weiterhin ihre
Vormachtstellung. In der Realität blieb die SED-Führung auch
weiterhin Befehlsempfängerin Moskaus.

Kaum hatten die ostdeutschen Machthaber ihren Herrschaftsbereich befriedet und ihre eigene Stellung gefestigt, traf
sie ein neuerlicher Schlag. Dieses Mal aber kam er aus einer völlig anderen, gänzlich unerwarteten Richtung. Im Februar 1956
trat in der sowjetischen Hauptstadt der XX. Parteitag der KPdSU
zusammen. Deren Erster Sekretär, Nikita Chruschtschow, übte
in einer Geheimrede plötzlich harsche Kritik an seinem Vorgänger Stalin. Dieser habe exzessiven Machtmissbrauch betrieben und Personenkult gefördert, die Vernichtung ganzer Völker
angeordnet, sei größenwahnsinnig geworden und für zahllose
weitere Fehlentwicklungen verantwortlich. Solche Töne waren
bisher völlig undenkbar und der anwesenden SED-Spitze muss
der Boden unter den Füßen geschwankt haben. Denn sie waren die eifrigsten Schüler des vermeintlich »großen Stalin« und
hatten trotz der vorsichtigen Kurskorrekturen seit 1953 nie an
seiner Person und seiner Politik gezweifelt. In der DDR galt der
Despot zu diesem Zeitpunkt noch immer als einer der Fixsterne

am kommunistischen Firmament. Seine Bilder hingen in öffentlichen Gebäuden, Stalin-Denkmäler säumten die Straßen und der von Chruschtschow gegeißelte Personenkult – dem er lange selbst gehuldigt hatte – war Bestandteil des alltäglichen Lebens.

Der Text der Geheimrede verbreitete sich über westliche Medien schnell, und die SED-Führung musste reagieren. Walter Ulbricht tat dies am 4. März 1956 im »Neuen Deutschland« mit alsbald legendären Worten: »Zu den Klassikern des Marxismus kann man Stalin nicht rechnen.« Das war bestenfalls eine halbherzige Distanzierung, und dafür gab es Gründe. Niemand sonst hatte die DDR und ihre Spitzenfunktionäre bis dahin derart geprägt wie Stalin; das wirkte nach. Mehr aber noch zeigte sich hier der Lernschock des Volksaufstandes. Schon einmal hatte ein abrupter, von Moskau verordneter Kurswechsel den ostdeutschen Staat an den Rand des Zusammenbruchs gebracht; eine Wiederholung dieser Erfahrung galt es unbedingt zu verhindern.

Alsbald dürfte sich Ulbricht in seinem zaghaften Agieren bestätigt gesehen haben. Denn andernorts nahm die auferlegte Entstalinisierung einen Verlauf, der weder von Moskau noch von Ost-Berlin gewünscht war. Während es in Polen zu regional begrenztem Protest gegen die kommunistische Diktatur kam, der schnell unter Kontrolle gebracht wurde, entspann sich in Ungarn ein massiver Volksaufstand. Wie drei Jahre zuvor in der DDR, so forderten die Aufständischen auch hier Unabhängigkeit für ihren Staat und elementare Grundrechte für sich selbst. Wiederum reagierte die sowjetische Seite schnell und durchgreifend: Trup-

^ *XX. Parteitag der KPdSU, am Rednerpult der neue starke Mann: Nikita Chruschtschow. Rechts als deutscher Delegierter Ulbricht.*

pen der Roten Armee schlugen den Aufstand gemeinsam mit ungarischen Kommunisten blutig nieder und stellten die alte Ordnung wieder her. Bis 1989 sollte sich daran nur wenig ändern.

Die doppelte Kehrtwende von verordneter Entstalinisierung und brutaler Unterdrückung aller wirklichen Reformbewegungen blieb auch für die DDR nicht ohne Konsequenzen. In vielen Bereichen machte sich Unruhe breit; Unruhe, der die SED-Spitze sofort argwöhnisch entgegentrat. Jede Abweichung vom offiziell geltenden Kurs, das hatte Ungarn gezeigt, konnte außer Kontrolle geraten und unerwartete Folgen haben. Also galt es, entschlossen zu handeln. Zuerst traf es die Universitäten des Landes, die als rebellisch galten. Harte Richtlinien wurden von der SED-Administration erlassen, die es fortan ermöglichten, jeden noch so geringen Widerspruch zu unterdrücken, Studenten von den Hochschulen zu relegieren und unkontrollierbare Dozenten vom Lehrbetrieb auszuschließen. Partei und Staatssicherheit witterten nicht zu Unrecht »antisowjetische Stimmung« sowie »eine feindliche Haltung gegenüber der SED, dem Staat und ihren leitenden Funktionären«. Wie brisant die Stimmung war, zeigt die öffentliche Äußerung eines Studenten der Forstwirtschaftlichen Fakultät der Humboldt-Universität zu Berlin in Eberswalde, die stellvertretend für viele andere stehen darf:

Der Studierende »beschuldigt W. Ulbricht, Personenkult zu betreiben und meint, daß W. Ulbricht nicht der geeignetste Genosse für die Funktion des 1. Sekretärs sei und daß er nicht demokratisch gewählt sei (…). Seine Meinung ist, daß die Partei deshalb niemals das Vertrauen der Volksmassen erringen könne«[14].

---

14 Antrag auf Eröffnung eines Disziplinarverfahrens vom 15. März 1957, in: Humboldt-Universität zu Berlin, Universitätsarchiv, Bestand: Forstwirtschaftliche Fakultät in Eberswalde, Aktennummer: 241.

^ *Wo immer sich im sowjetischen Einflussbereich bedrohlicher Widerstand regt, wird er niedergeschlagen, so auch 1956 in Ungarn.*

Damit war die Machtfrage gestellt. Spätestens hier endete jegliche Nachsicht, und alle Abweichler wurden mit drakonischen Verfolgungsmaßnahmen überzogen. Besonders hart traf es beispielsweise Wolfgang Harich, Philosoph und Mitglied der SED. Im aufgeheizten Klima von 1956/57 hatte er maßvoll Veränderungen angemahnt, nicht aber die SED-Diktatur als solche kritisiert. Das jedoch reichte aus; nun sollte ein Exempel statuiert werden. Harich wurde zu zehn Jahren Zuchthaus verurteilt, einige seiner Mitstreiter zu ähnlich harten Strafen. Die Botschaft, die damit einherging, richtete sich an alle Intellektuellen der DDR, letztlich an die gesamte Bevölkerung: Wer immer die bestehenden Verhältnisse im vermeintlichen »Arbeiter- und Bauernstaat« anzweifelt, muss die Rache der Partei fürchten. Die Jahre des ohnehin äußerst begrenzten Liberalismus waren vorbei, ein Prozess der Restalinisierung setzte ein, Orthodoxie und Dogmatismus gewannen wieder Oberwasser.

Auch die SED-Genossen bekamen diesen Kurswechsel zu spüren. Eine neuerliche Säuberungswelle überrollte die verunsicherte Partei, um sie auf die nun geltende Linie einzuschwören und wankelmütige Mitglieder zu entfernen. Zahllose hauptamtliche Funktionäre verloren ihre Anstellung und es entspann sich ein massiver Machtkampf in der Parteispitze. Auch er drehte sich lediglich um Nuancen, nicht um eine grundsätzliche Veränderung der Politik. Gleichwohl wurde er hart ausgefochten und schließlich durch Signale aus Moskau entschieden. Dort scheute man vor dem Hintergrund der ungarischen Ereignisse jegliche Veränderungen; das hielt Ulbricht an der Macht und raubte sie seinen Gegnern, allen voran Politbüromitglied Karl Schirdewan und Minister für Staatssicherheit Ernst Wollweber, die wegen »fraktioneller Tätigkeit« ihre herausgehobenen Spitzenpositionen verloren.

^ *Wolfgang Harich wird zum Symbol vorsichtiger Reformversuche. Die Reformunfähigkeit der DDR bekommt er unmittelbar zu spüren.*

Die Auseinandersetzungen, die in der SED und an den Universitäten ausgetragen wurden, berührten die Bevölkerung der DDR zunächst nur wenig. Man beobachtete sie aufmerksam, war aber nicht unmittelbar betroffen. Noch immer verließen viele Menschen das Land in Richtung Westen, doch selbst diese Zahlen waren insgesamt leicht rückläufig. Das in der Bundesrepublik langsam greifende Wirtschaftswunder ging zwar spurlos an der DDR vorbei und wichtige Lebensmittel waren noch immer nur mit Bezugsscheinen zu bekommen, aber es ging weiter vorsichtig aufwärts. Die SED hatte ihre rigide Herrschaftspraxis ebenso abgeschwächt wie das ermüdende Propagandageschrei, das ließ das Leben erträglicher erscheinen, und die Hoffnungen auf die Zukunft waren groß. Dann kam das Jahr 1958.

^ *Ökonomisch geht es nun durchaus aufwärts. Selbstbedienungsläden sind der neueste Schrei, die Hoffnungen auf die Zukunft groß.*

DER ZWEITE ANLAUF
ZUM SOZIALISMUS

Das Ziel aller Politik ist der Sozialismus (später dann der Kommunismus), daran hatten die ostdeutschen Spitzenfunktionäre zumindest intern nie einen Zweifel gelassen. Der erste Anlauf war 1952/53 gründlich misslungen, doch nachdem die innerparteilichen Konflikte ausgefochten waren, schien der Zeitpunkt gekommen, es erneut zu versuchen. Zu dieser Überzeugung trug entscheidend die Annahme bei, dass der Sozialismus in Kürze ohnehin einen weltweiten Siegeszug antreten würde. Dafür gab es durchaus Anzeichen, das wichtigste davon in den Weiten des Weltraums. Im Oktober 1957 hatte die Sowjetunion den ersten künstlichen Satelliten ins All geschickt und damit in der gesamten westlichen Hemisphäre den drastischen »Sputnik-Schock« ausgelöst. Die UdSSR, so die dortige Befürchtung, würde die USA als technologische Führungsmacht ablösen und damit den Kampf der Systeme gewinnen. Mehr noch: Seit Jahren wies das Nationaleinkommen des kommunistischen Landes ein stabiles Wachstum von mehr als zehn Prozent auf. Es schien nur eine Frage der Zeit, bis der Kapitalismus endgültig geschlagen sein würde. Der Fortschrittsoptimismus im sozialistischen Lager kannte kaum noch Grenzen.

Auch in der DDR mehrten sich die Anzeichen, dass der positive Trend der Vorjahre anhalten würde. Das Existenzniveau stieg, 1957 verließ der erste Trabant das Autowerk in Zwickau, die letzten Lebensmittelkarten wurden 1958 abgeschafft, und das kulturelle Leben war bunter denn je. Es sah nach rosigen Zeiten aus. Das band nicht zuletzt relevante Teile der Bevölkerung enger als bisher an die bestehenden Verhältnisse und damit an die SED.

Diese Bindung war jedoch zerbrechlich. Denn der Umstand, dass die Bevölkerung von umfänglichen Widerstandshandlungen absah (die es in Einzelfällen sehr wohl gab), bedeutete keinesfalls, dass sie die Ziele der Partei teilte. Die SED aber wähnte sich noch immer auf einer historischen Mission. Getrieben vom herrschenden Fortschrittsoptimismus änderte sie ihren politischen Kurs Mitte des Jahres 1958 daher abermals grundlegend. Nun sollte verwirklicht werden, was 1953 so kläglich gescheitert war. Der eigenen Logik zufolge erforderte das vor allem eines: All jene Strukturen, Konstellationen und Gesinnungen, die von der reinen Lehre des Marxismus-Leninismus abwichen, mussten energisch bekämpft und im Zweifelsfall ganz unterdrückt werden. Auf diese Weise sollte eine sozialistische Realität erzwungen werden, die sich überlegen zeigt und der damit die Zukunft gehören würde. Wie sehr die Spitzenfunktionäre von diesem Weg überzeugt waren, offenbarte sich auf dem V. Parteitag der SED, auf dem im Juli 1958 ganz konkret die »ökonomische Hauptaufgabe« definiert wurde, deren Gelingen sich alles andere unterzuordnen hatte. Ihr Kern bestehe darin,

»die Volkswirtschaft der DDR innerhalb weniger Jahre so zu entwickeln, daß die Überlegenheit der sozialistischen Gesellschaftsordnung gegenüber der kapitalistischen Herrschaft umfassend bewiesen wird. Deshalb muss erreicht werden, daß der Pro-Kopf-Verbrauch der werktätigen Bevölkerung an allen wichtigen Lebensmitteln und

∧ *In Zwickau geht der Trabant 1958 in Serie und wird Erscheinungsbild wie Geruch der DDR bis zu ihrem Ende stark mitbestimmen.*

Konsumgütern höher liegt als der Pro-Kopf-Verbrauch der Gesamtbevölkerung in Westdeutschland.«[15]

Die hoffnungsfrohe Festlegung, die schließlich unter der Losung »Überholen ohne einzuholen« Berühmtheit erlangte, zeigte zugleich die größte Schwäche der SED-Diktatur: Noch immer war die Bundesrepublik positives Referenzmodell für weite Teile der eigenen Bevölkerung, noch immer stand der andere deutsche Staat wirtschaftlich viel besser dar und noch immer bot er eine demokratische Alternative zur DDR. Deshalb verließen weiterhin zahllose Bewohner den selbst ernannten »Arbeiter- und Bauernstaat«. Nun galt es, einen Rahmen zu schaffen, der all dies ändern würde.

Erste Schritte dorthin waren bereits zuvor erfolgt. Die Staatssicherheit hatte wieder den Rang eines Ministeriums erlangt, Erich Mielke war 1957 infolge der innerparteilichen Auseinandersetzungen zum Minister aufgestiegen. Im gleichen Jahr geißelte eine von zentraler Stelle inszenierte Kulturkonferenz die Dekadenz der westlichen Kunst und schrieb den »sozialistischen Realismus« als einzig mögliche Ausdrucksform fest. Polizei, Justiz, das Bildungswesen und der Staatsapparat wurden zielgerichtet einem weiter fortschreitenden Prozess der Gleichschaltung unterworfen. Abweichende Meinungen galten nun in allen Bereichen wieder als definitives

---

15 Beschluss des V. Parteitages, in: Dokumente der SED, Berlin (O.) 1961, Bd. VII, S. 259.

∧ *Höchster Besuch aus Moskau. Nikita Chruschtschow persönlich segnet die Beschlüsse des V. SED-Parteitages im Juli 1958 ab.*

Ausschlusskriterium für mögliche Karrieren. Wer Kritik übte, musste mit negativen Folgen für sein Leben rechnen.

Besonders hart traf es einen Teil der Bevölkerung, der sich seine Autonomie bisher in vergleichsweise hohem Ausmaß hatte bewahren können: die Bauern. Nach der ersten Kollektivierungswelle war in die Dörfer weitgehende Ruhe eingekehrt, nun brach der Sturm erneut los. Die Beweggründe dafür waren die gleichen wie schon 1952/53. Die Landbevölkerung galt der SED als rückständig, zugleich gab es überall in der DDR selbstbestimmte landwirtschaftliche Betriebe. Während das in der Industrie schon lange nicht mehr der Fall war, überwog im agrarischen Sektor das Privateigentum an Produktionsmitteln, das der Partei als wichtigster Grund allen Übels galt. Zudem entzogen sich die einzelbäuerlichen Produzenten zumindest in Teilen der Planwirtschaft und die Dorfgemeinschaften fast gänzlich der marxistisch-leninistischen Ideologie. Unter den Vorzeichen des sozialistischen Aufbaus und der »ökonomischen Hauptaufgabe« durfte das keinen Bestand haben – die Partei setzte dazu an, die Dörfer handstreichartig zu übernehmen. Nach einigem Vorgeplänkel brach schließlich 1960 der »sozialistische Frühling« los, der von Anbeginn darauf abzielte, alle bäuerlichen Privatbetriebe zu zerschlagen und deren Produktionsmittel sowie ihre Eigentümer in Landwirtschaftliche Produktionsgenossenschaften zu pressen, die vom Staat kontrolliert und von der Partei gelenkt werden würden. Das gelang durchaus: Innerhalb von nur drei Monaten traten mehrere hunderttausend Dorfbewohner, die sich einem solchen Schritt bisher vehement verweigert hatten, in die LPG ein. Die Gründe dafür waren allerorts die gleichen: DDR-weit ausschwärmende Agitationstrupps sorgten mit Lockung und Zwang, massiven Einschüchterungen und brutaler Gewalt für den Übergang »Vom Ich zum Wir«. Als im April 1960 nur noch wenige Privatbetriebe übrig blieben, zeigte sich die SED zufrieden: »Mit dem Eintritt aller Bauern in die landwirtschaftlichen Produktionsgenossenschaften sind jetzt alle Schranken, die die Entwicklung der Produktion und die Steigerung der Arbeitsproduktivität noch hemmten, beiseite geräumt.«[16] So sah es die Ideologie vor, es war im Sinne

16 Regierungserklärung vom 25. April 1960, in: Walter Ulbricht, Die Bauernbefreiung in der Deutschen Demokratischen Republik, Berlin (O.) 1962, Bd. II, S. 1160.

Flüchtlingszahlen Ost → West
Refugees East → West

Jahr / Year	Flüchtlinge / Refugees	Übersiedler[1] / Emigrants[1]	Jahr / Year	Flüchtlinge / Refugees	Übersiedler[1] / Emigrants[1]
1949	129.245	–	1978	3.846	8.271
1950	197.788	–	1979	3.512	9.003
1951	165.648	–	1980	3.988	8.775
1952	182.393	–	1981	4.340	11.093
1953	331.390	–	1982	4.095	9.113
1954	184.198	–	1983	3.614	7.729
1955	252.870	–	1984	5.992	34.982
1956	279.189	–	1985	6.160	18.752
1957	261.622	–	1986	6.196	19.982
1958	204.092	–	1987	7.499	11.459
1959	143.917	–	1988	11.893	27.939
1960	199.188	–	bis/till 8.11.1989[2]	241.907	
bis/till 13.8.1961	155.402	–	13.8.61- 8.11.89		
gesamt/total	**2.686.942**		**gesamt/total**	**482.731**	**382.087**

13.8.1961	Bau der Berliner Mauer / Building of the Berlin Wall		9.11.89	Fall der Berliner Mauer / Fall of the Berlin Wall	
nach/after 13.8.61	51.624	700	nach/after 9.11.89	–	101.947
1962	16.741	4.615	1990	–	395.343
1963	12.967	29.665	1991	–	249.743
1964	11.864	30.012	1992	–	199.170
1965	11.886	17.666	1993	–	172.386
1966	8.456	15.675	1994	–	163.034
1967	6.385	13.188	1995	–	168.336
1968	4.902	11.134	1996	–	166.007
1969	5.273	11.702	1997	–	167.789
1970	5.047	12.472	1998	–	182.478
1971	5.843	11.565	1999	–	195.530
1972	5.537	11.627	2000	–	214.456
1973	6.522	8.667	2001	–	192.002
1974	5.324	7.928	2002	–	176.703
1975	6.011	10.274	2003	–	155.387
1976	5.110	10.058	2004	–	146.352
1977	4.037	8.041	2005	–	137.188
			gesamt nach Mauerfall / total after the fall of the Wall		**3.183.851**

^ *Sie ist Ausdruck der verfehlten Politik und bleibt das zentrale Problem des SED-Staates: die Fluchtwelle in die Bundesrepublik.*

der »ökonomischen Hauptaufgabe« und verhieß daher Erfreuliches für die Zukunft.

Die Realität aber ließ sich wieder einmal nicht in die Schablonen des Marxismus-Leninismus pressen. Alsbald trat das Gegenteil der Erwartungen ein. Der »sozialistische Frühling« führte zu extremen Produktionseinbrüchen, die Versorgungslage der gesamten Bevölkerung verschlechterte sich spürbar und der aggressiv vorgetragene Machtanspruch der SED in allen Lebensbereichen potenzierte die tiefgreifenden Zerwürfnisse zwischen Herrschaft und Gesellschaft. Die Fortschritte der vorherigen Jahre waren damit zunichte, an den Häuserwänden der DDR tauchten immer häufiger Schriftzüge wie »Nieder mit Ulbricht!« oder »Nieder mit der SED!« auf.

Verstärkt wurden die innenpolitischen Probleme durch die Sowjetunion. Auch Chruschtschow hatte sich in einen unverhohlenen Wettbewerb mit dem Westen begeben, der vor allem in einer harten Auseinandersetzung um das geteilte Berlin gipfelte. Die Metropole wurde zum Brennpunkt des Systemkonflikts, die »Zweite Berlin-Krise« zum Prüfstein für die Durchsetzungsfähigkeit beider Seiten. Chruschtschow hatte 1958 ultimativ den Abzug aller westlichen Truppen aus der Stadt gefordert, um ganz Berlin in die DDR eingliedern zu können. Als dieses Verlangen ungehört verhallte, wuchsen die Gerüchte, »die Russen« könnten Berlin abriegeln, um doch noch die gewünschten Erfolge zu erzielen. Damit aber wäre der letzte Ausweg aus der DDR verschlossen, denn die innerdeutsche Grenze war bereits seit 1952 abgeriegelt. Nur Berlin war aufgrund der alliierten Vereinbarungen als Übergang zwischen den Systemen verblieben – und drohte jetzt auch noch zu entfallen. Gerade wegen der verfehlten SED-Politik seit dem V. Parteitag setzte daraufhin eine regelrechte Torschlusspanik ein. Die Flüchtlingszahlen stiegen explosionsartig an. Im Sommer des Jahres 1961 verließen täglich durchschnittlich 1000 Personen das Land, an Spitzentagen bis zu 3000. Je mehr Menschen der DDR den Rücken kehrten, umso instabiler wurde sie und umso diskussionswürdiger die politischen, ökonomischen und gesellschaftlichen Verhältnisse. Die SED-Diktatur geriet zunehmend ins Wanken, die Partei musste dringend reagieren, wollte sie die Macht in absehbarer Zeit nicht verlieren.

DER MAUERBAU

Glaubte man den offiziellen Verlautbarungen aus Ost-Berlin, so handelte es sich bei jedem einzelnen Flüchtling entweder um einen Klassenfeind oder um einen Verführten, der den materialistischen Verlockungen des faulenden Kapitalismus erlegen sei. Ihnen solle man keine Träne nachweinen, hieß es. Tatsächlich hatte das Problem längst existenzbedrohende Ausmaße angenommen. Denn es gingen vor allem jene, auf die der »Arbeiter- und Bauernstaat« eigentlich am wenigsten verzichten konnte: die gut Ausgebildeten, die Jungen und die Leistungsbereiten. In der Bundesrepublik herrschte inzwischen Vollbeschäftigung, Arbeitskräfte wurden händeringend gesucht. Das Klima politischer Unfreiheit, das sich seit 1956/57 in der DDR massiv verschärft hatte, sorgte für einen wahren Exodus; in den ländlichen Regionen saßen wegen der rücksichtslosen Kollektivierung zum Teil ganze Dörfer auf gepackten Koffern.

Auch wenn sie das nirgendwo offen zu erkennen gab, hatte die SED-Führung längst begriffen, dass der Erhalt ihrer Diktatur zwingend von der vollständigen Abriegelung des Landes abhing. Während Chruschtschow im Ringen mit den USA noch die Muskeln spielen ließ, begann man in Ost-Berlin bereits, sich auf den Fall der Fälle vorzubereiten. Seit Januar 1961 operierte eine ebenso ranghohe wie geheime Arbeitsgruppe, der unter anderem Erich Honecker und Erich Mielke angehörten und die nach Wegen zur Unterbindung des Flüchtlingsstromes suchte. Im Mai meldete ein konsternierter sowjetischer Botschafter aus Berlin nach Moskau, dass die SED möglicherweise plane, die Sektorengrenzen zum Westteil der

Stadt sofort zu schließen. Einen solchen Schritt hätten die ost-deutschen Machthaber ohne Zustimmung aus der sowjetischen Hauptstadt schon aufgrund der alliierten Vereinbarungen gar nicht gehen können – doch das Gerücht erhöhte den Druck auf die Hegemonialmacht, sich in dieser Frage zu positionieren. Gleiches galt auch für die wohl berühmteste Szene aus der Vorgeschichte des Mauerbaus. Als Walter Ulbricht am 15. Juni 1961 vor der versammelten Weltpresse betonte, dass niemand die Absicht habe, eine Mauer zu errichten, waren die entscheidenden Weichen längst gestellt. Was immer noch fehlte, war die Genehmigung der sowjetischen Seite.

Entwicklungen auf der internationalen Ebene sorgten schließlich dafür, dass diese Genehmigung erfolgte. Anfang Juni war ein Gipfeltreffen zwischen Chruschtschow und dem jungen amerikanischen Präsidenten John F. Kennedy gescheitert. Daraufhin erneuerte Chruschtschow seine Forderungen hinsichtlich Gesamt-Berlins und drohte gar mit einem Krieg. Kennedy konterte kühl und machte in der Folgezeit zwei Grundsätze klar. Wann immer amerikanische Interessen verletzt würden, würde es den Krieg geben, der dann notwendigerweise eine atomare Auseinandersetzung sein würde. Zugleich ließ er erkennen, dass es von Seiten der USA keinerlei Einmischung in Fragen geben würde, die allein den sowjetischen Einflussbereich beträfen. Hinsichtlich West-Berlins for-

^ *Pressekonferenz am 15. Juni 1961. Walter Ulbricht gibt den Ahnungslosen: »Niemand hat die Absicht, eine Mauer zu errichten.«*

mulierte er am 25. Juli drei unverrückbare Prinzipien, seine »Three Essentials«: Die Präsenz westlicher Truppen müsse gesichert, der Zugang zur Stadt geregelt und das Überleben der Bevölkerung garantiert sein. Solange dies der Fall sei, würde die amerikanische Schutzmacht auf Interventionen verzichten.

Damit war die letzte Barriere gefallen, denn der Bau einer Mauer würde keines der genannten Prinzipien verletzen; die Sowjets konnten mit an Sicherheit grenzender Wahrscheinlichkeit davon ausgehen, dass es bei der Durchführung einer solchen Maßnahme keine kriegerischen Konfrontationen geben würde.

Da die SED-Spitze im gesamten Jahresverlauf ohnehin nach Moskau gefunkt hatte, dass die DDR ohne Abriegelung West-Berlins nicht mehr lange existieren würde, gab Chruschtschow nun nach. In einem Gespräch am 3. August 1961 fielen die entscheidenden Worte. Ulbricht notierte: »Republikflucht groß. Administrative Maßnahme: Grenze schließen.«[17] Alsbald sollte der Mauerbau mit dem Kalten Krieg, dem Wirken von Klassenfeinden und der Verteidigung der DDR gegen ihre äußeren Feinde begründet werden, doch am 3. August wurde Tacheles geredet: Ursächlich war die Fluchtwelle, und sie war das Ergebnis der katastrophalen Politik der SED. Die illegitimen Machthaber hatten es in 16 Jahren nicht geschafft,

---

17 Matthias Uhl/Armin Wagner (Hg.), Ulbricht, Chruschtschow und die Mauer. Eine Dokumentation, München 2003, S. 93.

∧ *Während Chruschtschow (l.) und Kennedy (r.) noch verhandeln, bereitete Ulbricht die Abriegelung West-Berlins bereits vor.*

für ihr Handeln eine Mehrheit zu finden; also musste das Volk nun eingemauert werden, um der Diktatur Dauer zu verleihen. Für die praktische Umsetzung zuständig war Honecker, der in den Folgetagen seiner Rolle als Ulbrichts Kronprinz gerecht wurde und sich damit für höhere Weihen empfahl.

Nachdem die Grundsatzentscheidung gefallen war, ging alles sehr schnell. Nun zahlten sich die Vorbereitungen aus. In den folgenden Tagen traten nahezu alle Spitzengremien von Partei und Staat zusammen und taten so, als genehmigten sie die längst beschlossenen Schritte. Nur: Kaum jemand erkannte oder wollte erkennen, worum es hier eigentlich ging. Vernebelt war die Rede von »entschlossenen Maßnahmen« und »nötigen Vorkehrungen«, vom Bau einer Mauer sprach niemand.

Und doch geschah es. In der Nacht vom 12. auf den 13. August 1961 zogen entlang der ca. 160 Kilometer Außengrenze West-Berlins Verbände der ostdeutschen Volks- und Grenzpolizei, der paramilitärischen Kampfgruppen der Arbeiterklasse und Truppen der Nationalen Volksarmee auf; absprachegemäß hielt sich die Rote Armee im Hintergrund. Die Abriegelung West-Berlins begann: Straßenverbindungen wurden unterbrochen, der öffentliche Nahverkehr gekappt, Gräben gebuddelt, Stacheldrahtverhaue gezogen. Die Mehrheit der Berliner schlief in ihren

^ *Abriegelung dort, wo die Mauer 1989 zuerst fallen wird. An der Bornholmer Straße errichten Uniformierte provisorische Sperren.*

Betten, während sich auf den Straßen der Stadt Weltgeschichte vollzog. Zwar war in jüngerer Vergangenheit immer wieder diskutiert worden, dass es zu Absperrmaßnahmen kommen könne, aber niemand konnte sich vorstellen, dass es überhaupt möglich sein würde, eine dynamische, lebendige, historisch gewachsene Metropole wie Berlin hermetisch zu trennen. Nun erwies sich, dass dies durchaus im Rahmen des Möglichen lag; West-Berlin war ab sofort eine Insel inmitten der DDR.

Einen Unsicherheitsfaktor allerdings gab es, und dem widmete die SED sofort große Aufmerksamkeit. Dass die Ameri-

^ *Noch ist von einer Mauer nichts zu sehen, doch im gesamten Stadtgebiet werden die Verbindungen zwischen Ost und West gekappt.*

kaner eingreifen würden, konnte fast sicher ausgeschlossen werden, wie aber würde die eigene Bevölkerung reagieren? Wie sich herausstellen sollte, reagierte sie mit Unverständnis, Unmutsbekundungen und wenigen offenen Protesten – vor allem aber mit blanker Fassungslosigkeit. Wer immer wollte und konnte, nutzte die letzten Gelegenheiten, um dem vermeintlichen »Arbeiter- und Bauernstaat« zu entfliehen. Allein am 13. August gab es mehr als 100 Grenzdurchbrüche, zwei Tage später war es bereits die doppelte Anzahl. Zum Symbol für diese Verzweiflungstaten wurde der 19-jährige Polizist Conrad Schumann, der am 15. August in Uniform und mit Waffe den Stacheldraht an der Bernauer Straße in Richtung Westen übersprang.

Aus Sicht der Machthaber war die Abschottung West-Berlins schnell, effektiv und zufriedenstellend erfolgt. Doch die andauernden Fluchten brachten das Unternehmen in Gefahr. Die Abriegelung machte nur dann Sinn, wenn sie total war. Das hieß in letzter Konsequenz, dass man zum Einsatz aller Mittel bereit sein musste. Es ist zutiefst inhuman, lag aber in der Logik der Macht: Wer die Mauer wollte, musste an ihr auch schießen lassen. Einen dahingehenden Beschluss fasste das Politbüro der SED bereits am 22. August. Schon zuvor waren Flüchtende tödlich verunglückt, am 24. August aber fielen die ersten todbringenden Schüsse. Sie sollten nicht die letzten bleiben, das martialische Bauwerk würde schließlich mindestens 184 Todesopfer fordern.

∧ *Die berühmteste aller Fluchten: Conrad Schumann überspringt den Stacheldraht. Zeit seines Lebens fürchtet er die Rache der SED.*

B·Z· Extrablatt

Seit heute früh:

BLOCKADE über Ost-Berlin verhängt!

Panzer an allen Grenzen
Stacheldraht um Sowjetsektor
Verbot für alle Grenzgänger
Interzonenverkehr normal

Die Überzeugung der Be-
völkerung, dass die Absperrmaßnahmen ohnehin nicht von
Dauer sein würden, der gleichzeitig zügige Ausbau der Grenz-
anlagen, die Tötung von Flüch-
tenden und umfassende Repressionsmaßnahmen in
der gesamten DDR führten dazu, dass der durchaus befürch-
tete Aufstand gegen die Radikalmaßnahme ausblieb. Mit dem
13. August 1961 hatte die SED ihrer Macht einen völlig neuen
Rahmen gegeben. Die Frage war, was sie damit anfangen würde.

^ *Das Unvorstellbare ist geschehen und wird – was zu diesem
Zeitpunkt niemand weiß – 28 Jahre andauern: Berlin ist geteilt.*

^ *Ohne Worte.*

^ *Der Blick der »bewaffneten Organe« richtet sich gen Westen.*
Denn dort, unweit des Brandenburger Tores, flammt Protest auf.

^ *Die Kampfgruppen stehen in der vordersten Linie. Alle anderen*
Einheiten halten sich im Hintergrund, sind aber präsent.

^ *Der Ausbau der Trennlinie schreitet zügig voran. Noch sind direkte Kontakte möglich, doch das ändert sich innerhalb kurzer Zeit.*

^ *Zwischen Trennung und Begegnung, zwischen Verharren und Flucht –*
persönliche und Weltgeschichte ballen sich auf engstem Raum.

^ *Dass es die SED-Führung bitterernst meint, offenbart sich schnell.*
Die todbringende Grenze wird bis 1989 fortlaufend ausgebaut.

^ *Drei Monate danach. Die Luftaufnahmen vom November 1961 zeigen, wie tief die Spaltung Berlins bereits vorangeschritten ist.*

3. MAI 1971
VON ULBRICHT ZU HONECKER

ARRANGEMENTS IM
SCHATTEN DER MAUER

Die harte Repressionsphase nach dem Mauerbau hielt bis weit in das Jahr 1962 hinein an. Aus Sicht der SED-Führung war sie notwendig, um einerseits jeglichen Widerstand gegen den eingeschlagenen Kurs zu brechen und andererseits die Rahmenbedingungen entsprechend der eigenen Zielstellungen noch weiter zu verändern.

Ein Volksaufstand war nach dem 13. August 1961 ausgeblieben, das hieß aber nicht, dass es still blieb im Schatten der Mauer. In vielen Teilen des Landes tauchten Flugblätter auf, die das martialische Bauwerk scharf verurteilten. Menschen äußerten sich negativ über die bestehenden Verhältnisse. In den Dörfern wurde weiter gegen die Kollektivierung rebelliert. Überdurchschnittlich viele Soldaten desertierten. Streikandrohungen häuften sich. Die Fluchtversuche rissen trotz der Erschossenen nicht ab. Und immer wieder meinten Vertreter der SED das so ziemlich Schlimmste zu entdecken, das für kommunistische Sittenwächter vorstellbar war: politisch-ideologische Diversion. Dieser schwammige Begriff umfasste alle abweichenden politischen Meinungen, die ihrerseits stets auf negative Einflüsse aus dem Westen zurückgeführt wurden und als Keimzelle oppositionellen Handelns galten. Deshalb, so die Schlussfolgerung, mussten sie energisch unterdrückt werden. »Wer mit feindlichen Losungen auftritt«, hatte Erich Mielke als Minister für Staatssicherheit unmissverständlich festgelegt, »ist festzunehmen. Feinde sind streng und in der jetzigen Zeit schärfer anzupacken.«[18]

---

18 Protokoll über die Dienstbesprechung am 11. August 1961, in: BStU, ZAIG, Nr. 4.900, Bl. 3.

HANDELSORGANISATION

UNSER WEG DES SOZIALISTISCHEN AUFBAUS GEHT WEITER

124

Das blieb nicht ohne Folgen: Die Zahl der Verhaftungen explodierte wieder einmal. Hatte die Staatssicherheit im Juli 1961 noch 280 Personen inhaftiert, so waren es im August bereits 1093, im September 970 weitere. Wiederum füllten sich die Gefängnisse der DDR. In der zweiten Hälfte des Jahres stieg die Zahl ihrer Insassen von 25 000 auf etwa 40 000 an. Jetzt, da die Grenze endgültig geschlossen und der Bevölkerung der letzte Ausweg verwehrt war, schien die Zeit gekommen, um all jene zu maßregeln, die sich nicht zweifelsfrei zum Sozialismus und zur SED-Diktatur bekannten. In einigen Gegenden des Landes herrschte Faustrecht. Funktionäre verprügelten Jugendliche, bedrohten unbescholtene Bürger, nahmen willkürliche Verhaftungen vor, konfiszierten hochwertige Konsumgüter und beglichen persönliche Rechnungen. Zuweilen sahen sich gar übergeordnete Parteigremien genötigt einzugreifen und die grassierende Gesetzlosigkeit zu unterbinden.

Wie wenig sich Partei und Staat in den Monaten nach dem Mauerbau tatsächlich an ihre eigenen Gesetze gebunden fühlten, zeigte sich mit aller Brutalität am 3. Oktober 1961. An jenem Tag vollzogen sich entlang der deutsch-deutschen Grenze, vom Kreis Grevesmühlen an der Ostsee bis zum Kreis Oelsnitz im Vogtland, zahllose Tragödien. Auslöser war die von zentraler Stelle ausgerufene und generalstabsmäßig geplante »Aktion Festigung«. Sie diente dazu, die Verhältnisse im abgeriegelten

^ *Der Schein von Normalität. Während eine Verhaftungswelle das Land überrollt, übt sich die Propaganda in altbekannten Losungen.*

Land enger als bisher an die Ansprüche der SED-Führung anzupassen und die Flucht der eigenen Bevölkerung noch effektiver zu unterbinden. Dazu wurde nun ein etwa fünf Kilometer breiter Streifen entlang der staatlichen Scheidelinie geräumt. Wer immer als politisch unzuverlässig oder auch nur verdächtig galt, teilte am 3. Oktober 1961 das gleiche Schicksal: Die Bewohner wurden davon in Kenntnis gesetzt, dass sie zu ihrem eigenen und zum Schutz der Grenze einen Wohnungswechsel vorzunehmen hätten. In aller Regel fuhren, von bewaffneten Männern gesichert, 30 Minuten später Lastkraftwagen vor, um die Häuser zu leeren. Den Betroffenen blieb nur die Wahl, sich diesen Maßnahmen bedingungslos zu fügen und auch die zugewiesene neue Heimstatt zu akzeptieren oder aber zu protestieren und dadurch zumeist Freiheit und Eigentum zu verlieren. Plötzlich, unvorbereitet und alternativlos mussten weit mehr als 3000 Menschen, darunter über 1000 Kinder, ihre Heimat verlassen; Möglichkeiten zum Einspruch existierten nicht und ein Ausweichen in den Westen war nicht länger möglich. Die Aktion erfüllte einen doppelten Zweck. Der Grenzraum galt jetzt als gesichert und die Botschaft des gewaltvollen Handelns war für alle Einwohner der DDR unmissverständlich: Mit dem 13. August 1961 war jegliche Zurückhaltung entfallen und der SED nun endgültig jedes Mittel recht, um ihre Macht auf Dauer zu zementieren.

Freilich gab es auch Menschen, die in den neuen Gegebenheiten eine Chance sahen. Dazu gehörten zunächst all jene, die ihre Karriere, ihren Status und ihre Zukunft eng mit der Partei verknüpft hatten. Endlich, so argumentierten sie, herrschten klare Verhältnisse und die Zielstellungen der SED würden sich nun ungebrochen und ungestört umsetzen lassen. Allerdings musste man nicht zwangsläufig Kommunist sein, um zu solchen Schlussfolgerungen zu gelangen. Auch jene, die sich vordergründig als unpolitisch betrachteten, es in der DDR aber zu einem Auskommen oder gar bescheidenem Wohlstand gebracht hatten, neigten vielfach dazu, den Mauerbau zumindest stillschweigend zu akzeptieren. Auch sie verbanden damit die Hoffnung auf eine rosige Zukunft und verschlossen allzu oft die Augen vor den barbarischen Aspekten der rigorosen staatlichen Teilung. Zudem wirkte der antifaschistische Gründungsmythos der DDR weiter fort. Nicht zufällig verklärte das

ARRANGEMENTS IM SCHATTEN DER MAUER

Regime die Mauer als »antifaschistischen Schutzwall«, bot diese Interpretation doch Anknüpfungspunkte für all jene, die in der DDR noch immer den besseren Teil Deutschlands sahen, weil nur dort durchgreifend mit der nationalsozialistischen Vergangenheit gebrochen worden sei. Die pausenlose Propaganda hatte hier zumindest in Ansätzen verfangen und verstellte bei einem relevanten Teil der Bevölkerung den Blick für die realen Gegebenheiten.

Insgesamt war im Schatten der Mauer also ein breit gefächertes Gemisch an Meinungen zu verzeichnen, die von offenem Widerstand bis zu offenen Beifallsbekundungen reichte und jede dazwischen liegende Facette umfasste. Nicht ganz untypisch, zumindest für systemnahe Mitbürger, dürfte eine Beobachtung der Schriftstellerin Christa Wolf gewesen sein, die rückblickend festhielt:

>»In Halle hatte ich im Waggonwerk eine gewisse Erleichterung gespürt, als die Grenzen geschlossen wurden, weil man vorher fürchten mußte, das Werk würde von Ingenieuren und Facharbeitern entblößt werden. Jetzt, wo es von außen keine Einmischung mehr gebe, werde man endlich Tacheles miteinander reden, sagte man in der Leitung. Jetzt werde man auch wieder offen Kritik üben können.«[19]

Für die Hoffnung, nach dem Mauerbau werde es schließlich wieder möglich sein, offen seine Meinung zu sagen, und damit ein höheres Maß an Aufgeschlossenheit Einzug halten, gab es trotz aller repressiven Maßnahmen einige Anzeichen. Von hohem symbolischen Wert war der Umstand, dass im November 1961 jene Person aus dem öffentlichen Raum verschwand, deren Schatten erdrückend über dem Land schwebte: Stalin. Der sowjetische Diktator war inzwischen mehr als acht Jahre tot und selbst in seiner Heimat hatte man sich kritisch mit ihm auseinandergesetzt. Nur in der DDR lebte der um ihn betriebene Personenkult bisher unbeschadet fort. Nun war damit Schluss: Denkmale wurde stillschweigend geschleift, Straßen umbenannt und Stalinstadt hieß plötzlich Eisenhüttenstadt.

---

19 Christa Wolf, Ein Tag im Jahr 1960 - 2000, München 2003, S. 46.

Diesen Schritt konnte man durchaus als Aufbruch in eine aufgeklärtere Zeit werten.

Dafür sprach auch, dass die SED-Führung ab dem Ende des Jahres 1961 zaghaft begann, Zugeständnisse an die eigene Bevölkerung zu machen, weitere Identifikationsmöglichkeiten zu eröffnen und Zukunftshoffnungen zu wecken. Während die männlichen Jugendlichen im Januar 1962 durch die Einführung der allgemeinen Wehrpflicht – ein Schritt, der vor dem Mauerbau undenkbar gewesen wäre – noch hart getroffen wurden, räumte die Partei den Frauen nun eine weit höhere Bedeutung ein als zuvor. Ihre Gleichberechtigung wurde quasi zum Staatsziel erhoben; ein Anspruch, der in der Realität freilich nie umgesetzt wurde. Auch auf kulturellem Gebiet schien sich 1962 wieder einmal ein Tauwetter anzukündigen. Ende des Jahres beispielsweise durfte der noch junge, aus der Bundesrepublik übergesiedelte Wolf Biermann seine kritischen Gedichte offiziell an der Berliner Akademie der Künste vortragen. Seit Juni waren zu diesem Zeitpunkt bereits fast 16 000 Gefängnisinsassen entlassen worden. Ein Hauch von Liberalität lag in der Luft, und er sollte sich noch verstärken.

WIRTSCHAFTLICHE REFORMBESTREBUNGEN

Der Bereich, in dem die Reformbestrebungen der SED ab 1962/63 am spürbarsten wurden, war die Ökonomie. Hier brach sich innerhalb kürzester Zeit eine Dynamik Bahn, die die Bevölkerung in großem Umfang erreichte und in Teilen gar positiv elektrisierte. Zu keinem anderen Zeitpunkt gab es in der DDR größere Bestrebungen nach wirtschaftlichen Reformen; die daraus resultierenden Veränderungen waren ein wesentliches Merkmal der 1960er Jahre.

Seit dem Ende des Zweiten Weltkrieges hatten die Machthaber mit allem Nachdruck darauf hingewirkt, in der DDR möglichst umfassend die Planwirtschaft zu installieren. Damit, so ihre ideologisch geprägte Grundüberzeugung, würden die Unwägbarkeiten des Marktes ausgeschaltet, Angebot und Nachfrage in enge Übereinstimmung gebracht und die materiellen Bedürfnisse der Bevölkerung in hohem Maße befriedigt werden. Die Realität sah allerdings ganz anders aus. Die Verstaatlichung der Industriebetriebe hatte deren Entwicklung nachhaltig gebremst und die Kollektivierung der Landwirtschaft zu drastischen Ertragseinbrüchen geführt. Im ökonomischen Wettbewerb mit der Bundesrepublik lag die DDR weit zurück, Gleiches galt auch für den allgemeinen Lebensstandard. Selbst der SED-Führung schien nun klar zu werden, dass es so nicht weitergehen konnte. Im Schatten der Mauer setzte sie dazu an, möglichst innovative Lösungen für die aufgestauten Probleme zu finden. Dass diese Probleme und die nun einsetzende Dynamik letztlich aus den Unzulänglichkeiten der eigenen Politik resultierten, insbesondere aus der Wirtschaftskrise der Jahre 1960/61, war

für den Einzelnen mitunter nur schwer zu durchschauen, durch die fortwährende Propaganda wurde dieser Umstand vollends überdeckt. Aufbruchsstimmung machte sich breit.

Das Jahr 1962 war unter anderem geprägt von umfänglichen und vergleichsweise offenen Diskussionen über die Frage, wie es mit der DDR-Wirtschaft weitergehen solle; erstmals berücksichtigte die SED-Führung dabei auch Stimmen von ausgewiesenen Fachleuten. Mit den Instinkten eines radikalen Machtpolitikers ausgestattet, setzte sich jetzt ausgerechnet Ulbricht an die Spitze der Debatte. Den offiziellen Startschuss für die anstehenden Veränderungen gab dann, wie so oft in der Geschichte der DDR, im Januar 1963 ein Parteitag der SED. Er verabschiedete das »Neue Ökonomische System der Planung und Leitung der Volkswirtschaft« (NÖS), das darauf abzielte, die Wirtschaft moderner, dynamischer und damit effizienter zu gestalten. Sie sollte endlich international konkurrenzfähig werden und sich einen festen Platz auf dem Weltmarkt erobern. Das entscheidende Mittel dazu: die neuerliche Einführung von quasi-marktwirtschaftlichen Elementen. Betriebe sollten fortan eigenverantwortlicher als bisher handeln und über ihre Gewinne bestimmen können, somit materielle Anreize für die Werktätigen geschaffen und die Arbeitsproduktivität erhöht werden. Vieles schien jetzt möglich, die Ökonomie des »Arbeiter- und Bauernstaates« eine Art Laboratorium, in dem sich

^ *Mai 1963. Die Teilung Berlins wird zum Alltag. In der DDR geht es voran. Doch dieser Trend wird von begrenzter Dauer sein.*

die Überlegenheit über den Kapitalismus schließlich erweisen sollte. Jeder einzelne Einwohner der DDR, so das Versprechen, würde davon profitieren. Und tatsächlich zeigte der Wandel sehr schnell positive Effekte: Schon 1964 stieg die Produktion merklich, ebenso wie die Löhne.

Doch die Euphorie währte nur kurz. Das lag vor allem daran, dass die Reform letzten Endes auf ein *nicht-ökonomisches* Ziel hinauslief: auf die Absicherung der SED-Diktatur. Wiederum stand Politik über Ökonomie, und das setzte den Veränderungen von Anfang an enge, unverrückbare Grenzen. So sehr die betriebliche Eigenverantwortlichkeit betont wurde, so schnell wurde sie unterdrückt, wenn sie die bestehenden Verhältnisse zu gefährden drohte. Marktwirtschaftliche Elemente sollten eingeführt werden, zugleich aber wurde die Marktwirtschaft weiterhin als Wesensmerkmal des vermeintlich absterbenden Kapitalismus gebrandmarkt. Die SED-Führung hatte bei der Vorbereitung und Implementierung der Reformen zwar Experten konsultiert, doch endete deren Zuständigkeit bei grundsätzlichen Fragen. Kurzum: Die Reformen waren inkonsequent, unterlagen dem Primat der Politik und fanden nur so lange die Akzeptanz der Machthaber, wie sie nicht deren Position gefährdeten. Ihr Scheitern war damit vorprogrammiert.

Tragisches Symbol für dieses Scheitern wurde der hochrangige SED-Wirtschaftsfunktionär Erich Apel, Leiter der Staatlichen Plankommission. Er hatte maßgeblichen Anteil an den bisher undenkbaren Entwicklungen und geriet schon 1965 zunehmend in die Kritik, als erkennbar wurde, dass die Reformen wegen der genannten Unzulänglichkeiten die in sie gesetzten Erwartungen nicht erfüllen würden. Das rief orthodoxe kommunistische Hardliner auf den Plan, unter ihnen Erich Honecker, die eindringlich vor unkontrollierbaren Folgen einer allzu liberalen Wirtschaftspolitik warnten. Noch konnten sie sich nicht durchsetzen, doch eine Kluft zwischen Honecker und seinem politischen Ziehvater Ulbricht tat sich auf. Die Reformen gerieten allmählich in Misskredit; auch deshalb nahm sich Apel im Dezember 1965 das Leben.

Ab Mitte der 1960er Jahre erlahmte die Bereitschaft der SED generell, ein Klima des gesellschaftlichen Wandels, der Offenheit zu tolerieren. Das schlug sich auch im Bereich der Wirtschaft nieder. Schrittweise wurde das »Neue Ökonomi-

sche System« zurückgenommen, eine straffe zentrale Lenkung der Wirtschaft hielt wiederum Einzug. Mithilfe des NÖS war es durchaus gelungen, den Lebensstandard der Bevölkerung zu erhöhen, das aber ging zunehmend auf die Substanz. Ende des Jahrzehnts mehrten sich die Anzeichen für eine heraufziehende Krise, die 1969/70 durchschlug. Die Kooperation zwischen den Betrieben funktionierte jetzt schon allein aufgrund fehlender Materialien und Ersatzteile nicht mehr, und die daraus resultierenden Produktionsausfälle hatten einschneidende Folgen für die Bevölkerung: »Es fehlte vor allem an warmer Unter-, Kinder- und Trainingsbekleidung, an Winterschuhen, Batterien, Anbaumöbeln, und haushaltstechnischen Artikeln, an Zahnbürsten und Zündkerzen.«[20] Nach einem Vierteljahrhundert SED-Herrschaft und sieben Jahren Wirtschaftsreformen mangelte es noch immer an elementaren Dingen. Das war das Ende der Reformen, stärkte die Position der Konservativen in der SED und sollte sich rasch als wichtiger Impuls für das Ende der Ära Ulbricht erweisen.

---

20 André Steiner, Von Plan zu Plan. Eine Wirtschaftsgeschichte der DDR, Berlin 2007, S. 182.

^ *März 1964. Walter Ulbricht besucht die Leipziger Messe. Links Erich Apel, die tragische Figur der DDR-Wirtschaftsgeschichte.*

EIN SCHRITT VORWÄRTS, ZWEI ZURÜCK

Nicht nur in der Wirtschaft, auch in anderen Bereichen waren die 1960er Jahre jene Dekade, in dem in der DDR zunächst vieles möglich schien. Willkommene Neuerungen lagen in der Luft. Selten hatte die allein herrschende SED so viel Bereitschaft simuliert, ihre eigene Politik abzuwandeln. Diese scheinbar offene Situation (in einem hermetisch abgeriegelten Land) führte nicht zuletzt dazu, dass sich viele Einwohner, allen voran Künstler und Intellektuelle, mit den mannigfaltigen Reformbestrebungen identifizierten. Das bedeutete noch lange nicht, dass sie sich auch mit der Monopolpartei und der von ihr errichteten Diktatur einverstanden erklärten, doch eine optimistische Grundstimmung hinsichtlich der Zukunftsaussichten in der DDR machte sich vernehmbar breit. Noch heute neigen Zeitzeugen in vielen Fällen dazu, diese Phase mit verklärtem Blick zu betrachten – und so zu nostalgischen und damit falschen Schlussfolgerungen zu gelangen. Denn was für die Wirtschaft galt, galt auch insgesamt. Die SED akzeptierte Veränderungen nur so lange, wie sie sich innerhalb des vorgegebenen Rahmens bewegten. Selbstverwirklichung, Meinungsfreiheit und Demokratie waren darin nicht vorgesehen. Sehr schnell sollte sich zeigen, dass Toleranz keineswegs Einzug gehalten hatte in den selbst ernannten »Arbeiter- und Bauernstaat«.

Dabei sah es noch am Beginn des Jahrzehnts, nach dem Abklingen der Repressionen rund um den Mauerbau, genau danach aus. Obwohl es sich im Nachhinein als reine Inszenierung erweisen sollte, ging die Partei nun auf die eigene Bevölkerung zu und versuchte wieder einmal, diese für sich zu gewinnen.

Und was lag da näher, als sich die Zustimmung der Jugend zu
sichern? Ihre besondere Bedeutung für die Zukunft der DDR
wurde unablässig betont, also umwarb die SED sie nun stärker als je zuvor. Bisher unvorstellbare Töne wurden laut; seinen Höhepunkt erreichte das Werben im September 1963 mit
einem Kommuniqué, das die zukünftige Jugendpolitik in der
DDR festzuschreiben schien. Unter dem Motto »Der Jugend
Vertrauen und Verantwortung« sollte Schluss gemacht werden
mit aggressiver Fremdbestimmung. Plötzlich war von »eigenem
Denken und Handeln« die Rede, von einem Ende »von Unverständnis und Gängelei«, gar von »volle[r] Gleichberechtigung«.
Das war neu, das war aufregend, und es war zugleich doppel-
deutig. Denn unmissverständlich wurde zugleich festgelegt,
wohin all diese vermeintlichen Freiheiten führen müssten:

> »Von Euch, den Jungen und Mädchen in der Deutschen
> Demokratischen Republik, wird viel verlangt: Gestützt auf
> die mehr als einhundert Jahre während Tradition der
> deutschen Arbeiterbewegung [...] sollt ihr mithelfen, in

^ *Deutschlandtreffen der Jugend in Berlin, Mai 1964. Auf der Ehren-
tribüne nehmen Partei- und Staatsführung den Jubel entgegen.*

der DDR den Staat der deutschen Zukunft zu errichten.
Jedem selbständig denkenden jungen Menschen ist es inzwischen klargeworden, daß die Zukunft ganz Deutschlands nur in einer sozialistischen Ordnung liegt.«[21]

In der Aufbruchsstimmung der frühen 1960er Jahre wurde übersehen, was dies im Umkehrschluss bedeutete: Jeder, der sich
nicht bedingungslos zum Sozialismus – und damit zur SED –
bekannte, würde automatisch als rückwärtsgewandt gelten und
mit harten Konsequenzen rechnen müssen. Schon wenige Jahre
später wurde offenbar, was daraus ganz konkret folgen konnte.
   In einem anderen Bereich deutete sich erneut vorsichtig an,
wie es tatsächlich um die Aufgeklärtheit der Herrschenden be-
stellt war: in der Kultur. Ende der 1950er Jahre, noch vor dem
Mauerbau, war in der DDR eine höchst unwahrscheinliche Entwicklung zu verzeichnen gewesen: Arbeiter, Künstler und Litera-
ten gingen aufeinander zu, mischten sich und trachteten danach,
die Rolle des jeweils anderen zu verstehen und auszufüllen. Dieser naive Ansatz unter dem Slogan »Greif zur Feder, Kumpel!«
war wiederum eine Inszenierung der SED-Führung, um eine
sozialistische Kultur zu schaffen, die allen bürgerlichen Bestrebungen weit überlegen sein sollte. Sie stieß bei Einzelnen auf
offene Ohren, ihre Ergebnisse blieben allerdings überschaubar.
   Gleichwohl war in dieser vergleichsweise liberalen Phase
im kulturellen Sektor vieles möglich. Verhalten kritische Ro-

---

21   Neues Deutschland, 21. September 1963, S. 2.

^ *Inszenierung einer sozialistischen Kultur. Autorenkonferenz
im Elektrochemischen Kombinat Bitterfeld am 24. April 1959.*

mane wie Erwin Strittmatters »Ole Bienkopp« erschienen, realitätsnahe Filme wie »Spur der Steine« wurden gedreht und die zuvor verpönte Beatmusik erfreute sich wachsender, von offizieller Seite nicht länger verdammter Beliebtheit.

Doch bereits auf dem VI. Parteitag der SED im Januar 1963 war verhaltene Missbilligung an dieser Freizügigkeit laut geworden, die sich in der Folgezeit verstärkte. Vor dem Hintergrund der negativen Debatten um das »Neue Ökomische System« entspann sich eine innerparteiliche Auseinandersetzung darüber, wie weit derartige Entwicklungen überhaupt zu dulden seien; zunehmend setzten sich die Kritiker unter maßgeblicher Beteiligung Honeckers durch. Im Dezember 1965 war endgültig Schluss mit der kulturellen Offenheit. Auf einer Spitzentagung der SED, dem berühmt-berüchtigten »Kahlschlag-Plenum«, drehte sich der Wind. Honecker betonte, die DDR sei ein »sauberer« Staat, in dem es keinen Platz für dekadente Entwicklungen gäbe, zumal dann, wenn sie westlich geprägt seien. Mehrere Schriftsteller wurden daraufhin gemaßregelt, ihre Bücher auf den Index gesetzt, Filme verboten. Brigitte Reimann, hoffnungsvolle Nachwuchsautorin, vermerkte kurz darauf in ihrem Tagebuch: »Heute war die Rede Honeckers auf dem ZK-Plenum abgedruckt. Die Katze ist aus dem Sack: die Schriftsteller sind schuld an der sittlichen Verrohung der Jugend.« Das war das Ende der in Ansätzen liberalen Kultur- und Jugendpolitik. Reimann: »Es ist zum Kotzen«.[22]

Dass sich mit dem »Kahlschlag-Plenum« die orthodoxen Kräfte in der SED durchsetzen konnten, war vor allem zwei

---

22 Brigitte Reimann, Alles schmeckt nach Abschied. Tagebücher 1964-1970, Berlin 1998, S. 170.

^ *Wie immer folgenreich. Der VI. SED-Parteitag gibt klare Signale, dass es mit der kulturellen Offenheit bald vorbei sein wird.*

Umständen geschuldet. Seit dem Volksaufstand von 1953 fürchtete der überwiegende Teil aller Parteifunktionäre nichts mehr als unkontrollierbare Folgen toleranter Machtausübung. Auch in Ungarn hatte sich 1956 gezeigt, wohin dies führen konnte. Vorsicht war also geboten. Zudem hatte sich inzwischen in Moskau der Wind gedreht: Im Oktober 1964 war Chruschtschow gestürzt und aller wichtigen Funktionen in Partei und Staat enthoben worden. Sein Nachfolger wurde Leonid Breschnew, ein kommunistischer Hardliner. Er gab unmissverständlich zu verstehen, dass er für jegliche Reformversuche, die von der reinen Lehre des Marxismus-Leninismus abwichen, keinerlei Verständnis aufbringen würde. Honecker und seine Gefolgsleute konnten sich seiner Unterstützung sicher sein und gewannen schließlich die Kraftprobe mit Ulbricht. Die Dynamik der vorangegangenen Jahre ging daraufhin noch einmal merklich zurück und sollte schließlich in die bleierne Schwere der Ära Honecker münden.

Ohnehin hatte die Toleranz auch in den vordergründig liberalen Jahren die bereits benannten, engen Grenzen. Während sich die SED als moderne Staatspartei gerierte, arbeitete sie hinter den Kulissen weiterhin an ihrer Machtsicherung nach fast stalinistischem Muster. Zwar ging die Zeit der unmittelbaren, offenen und brutalen Bekämpfung aller wirklichen wie vermeintlichen Gegner ihrem Ende zu, doch potenzierte sich im Gegenzug die verdeckte Repression. So erlebte das Ministerium für Staatssicherheit, das sich selbst als »Schild und Schwert« der Partei verstand und deren Macht mit allen denkbaren Mitteln stützte, im Lauf des Jahrzehnts einen drastischen Aufwuchs. Die Anzahl seiner Mitarbeiter verdoppelte sich nahezu, von knapp 23 000 im Jahr 1960 auf über 43 000 im Jahr 1970. Zugleich wurden die dahinter stehenden Strukturen erweitert, ausdifferenziert und an die jeweiligen Gegebenheiten angepasst. Ähnliches lässt sich für alle anderen Sicherungsorgane der Diktatur festhalten: vom energisch vorangetriebenen Ausbau der Nationalen Volksarmee (NVA) über die Installierung eines flächendeckenden Netzes von Abschnitts-

bevollmächtigten der Volkspolizei bis hin zu einer allgemeinen Militarisierung der Gesellschaft. Die Kampfgruppen der Arbeiterklasse hielten Mitarbeiter von Betrieben und Genossenschaften wehrtüchtig, die Gesellschaft für Sport und Technik (GST) erfasste die Jugend, und auch Frauen tauchten jetzt in der Propaganda immer häufiger in militärischen Zusammenhängen auf.

Und wann immer es als nötig erachtet wurde, scheuten sich die Machthaber im Verlauf der 1960er Jahre nicht, ihr totalitäres Regime mit allen, im Bedarfsfall auch den menschenverachtendsten Mitteln zu sichern. Im August 1962 wurde Peter Fechter von ostdeutschen Grenzern an der Berliner Mauer angeschossen und verblutete elendig, ohne dass ihm die mögliche Hilfe gewährt wurde. Mitte des Jahrzehnts häuften sich die Berufs- und Auftrittsverbote gegen kritische Geister, selbst wenn diese den Sozialismus gar nicht in Frage stellten, wie zum Beispiel der Liedermacher Wolf Biermann und der Philosoph Robert Havemann. In den Dörfern der DDR wurden die Landeigentümer gezwungen, sich immer größeren Produktionsgenossenschaften anzuschließen – und dafür auch noch zu bezahlen. Das neue Strafgesetzbuch aus dem Jahr 1967 ließ zwar fortschrittliche Aspekte erkennen, definierte als Aufgabe des Rechts aber zugleich den »Schutz der sozialistischen Staats- und Gesellschaftsordnung«. Politische Straftatbestände galten daher weiter fort und konnten mit hohen Strafen bis hin zum Todesurteil geahndet werden.

^ *Bilder, die um die Welt gehen. Peter Fechter verblutet elendig im Todesstreifen. Heute steht an dieser Stelle ein Mahnmal.*

Als in mehrfacher Hinsicht einschneidend erwies sich schließlich das Jahr 1968. Erstmals seit ihrer Gründung im Oktober 1949 erhielt die DDR eine neue Verfassung. Sie zementierte die ohnehin herrschenden Verhältnisse und offenbarte zugleich, wie weit Inszenierung und Realität bereits auseinandergedriftet waren. Gleich der Artikel 1 schrieb die unverrückbare Führungsrolle der SED und den Sozialismus als oberstes Staatsziel fest. Zugleich, und das stand in eklatantem Widerspruch dazu, war von Gewissens- und Glaubensfreiheit die Rede, von der Freiheit der Persönlichkeit und der Presse. Artikel 54 schließlich sprach von »freier, allgemeiner, gleicher und geheimer Wahl«, die es zuletzt 1946 in Ansätzen gegeben hatte.

Seitdem galt allein die Benutzung einer Wahlkabine als verpönt und jeder wusste, dass sich daraus negative Konsequenzen für Beruf, Familie, Dasein ergeben konnten. Doch für die »Entwicklung der sozialistischen Menschengemeinschaft«, wie es in Artikel 18 hieß, war das unerheblich. Die DDR-Bürger hatten Einsicht in vermeintlich objektive Notwendigkeiten zu zeigen, und die definierte die Partei. Wer immer davon abwich, hatte mit Konsequenzen zu rechnen, die Buchstaben der Verfassung halfen in einem solchen Fall nur wenig. Sie bildeten lediglich eine Scheinwelt ab, das alltägliche Leben sah längst anders aus.

Wie sehr Anspruch und Wirklichkeit tatsächlich voneinander entfernt waren, zeigte sich im weiteren Jahresverlauf. In der benachbarten Tschechoslowakei war es unter dem wachsenden Problemstau ebenfalls zu vielfältigen Reformbestrebungen gekommen. Anders als in der DDR wurden sie nicht schrittweise abgebrochen, sondern nahmen immer größeren Umfang an und gipfelten schließlich in dem Versuch, dem Sozialismus ein »menschliches Antlitz« zu geben. Sozialismus und Demokratie sollten in Einklang gebracht werden – das war nicht weniger als die Quadratur des Kreises. Die als »Prager Frühling« in die Weltgeschichte eingegangenen Entwicklungen wurden von der DDR-Bevölkerung intensiv verfolgt, knüpfte sich daran doch die Hoffnung, dass auch im eigenen Land eine Demokratisierung möglich sein könne. Derartige Hoffnungen wurden ab dem 20. August 1968 brutal enttäuscht. In den Abendstunden lief eine Militäroperation verschiedener Armeen der Ostblockstaaten unter Federführung der Sowjetunion an. Die Truppen besetzten im Verlauf der Nacht die Tschechoslowakei

und schlugen die Reformbewegung blutig nieder. Wiederum war es die Furcht vor unkontrollierbaren Folgen, die den Ausschlag gegeben hatte. Der DDR blieb eine Beteiligung an der Aggression verwehrt, obgleich sich sowohl Ulbricht als auch Honecker eifrig darum bemühten: Zu erschreckend war selbst für Leonid Breschnew die Vorstellung, dass deutsche Panzer wieder durch Prag rollen würden.

Die Botschaft der Vorgänge in der tschechoslowakischen Hauptstadt war unmissverständlich, und sie war niederschmetternd. Die dortigen Reformer waren Kommunisten gewesen und hatten lediglich versucht, die sozialistische Tristesse umzugestalten, nicht sie abzuschaffen. Aber selbst das war zu viel und lag außerhalb dessen, was in Moskau als akzeptabel angesehen wurde. Die unvermeidliche Schlussfolgerung aus dieser Erkenntnis lautete, dass es auch in der DDR zukünftig kein »menschliches Antlitz« geben würde. Reformen und Sozialismus, Demokratie und Sozialismus, das, so hatten die Prager Ereignisse in aller Deutlichkeit gezeigt, ging nicht zusammen. Die Gegenwart war trotz der materiell verbesserten Lebenswirklichkeit trist und die Zukunft bot unter den gegebenen Umständen immer weniger Grund zur Hoffnung. Die Folge war eine umfassende Lethargie, die sich wie Mehltau über die DDR und ihre Bevölkerung legte. Einmal noch aber sollte diese Lethargie unterbrochen werden – durch einen dafür höchst unwahrscheinlichen Kandidaten.

^ *Prag, 21. August 1968. Sowjetische Panzer sind in die Stadt eingerückt und schlagen die Reformbestrebungen blutig nieder.*

DIE ABLÖSUNG
WALTER ULBRICHTS

Wo gibt's denn so was? Politiker im Westen treten ab nach verlorenen Wahlen oder kleben an Rang und Machtfunktionen. Politiker im Osten stürzen oder sterben«, hielt das politische Feuilleton der Bundesrepublik Anfang Mai 1971 fest. »In der Bevölkerung der beiden deutschen Staaten war Walter Ulbricht fast zwanzig Jahre lang [...] der meistunterschätzte, meistgehaßte Mann, eine Karikatur und Kreatur mit lächerlichen Zügen.« Daran, so meinte der Autor der Zeilen zu erkennen, habe sich in den vorangegangenen Jahren allerdings einiges geändert und Ulbricht sich allseits »Respekt«[23] verschafft. Diese Einschätzung dürfte wohl nur eine Minderheit der DDR-Bürger geteilt haben, und jetzt spielte es auch keine Rolle mehr. Denn: Ulbrichts Zeit war vorbei.

Als am 3. Mai 1971 das Zentralkomitee der SED in Ost-Berlin zusammentrat, deutete öffentlich nichts darauf hin, dass grundlegende Veränderungen anstünden. Kaum jemand traute der Partei zu diesem Zeitpunkt Bahnbrechendes zu. Viel zu ernüchternd war das letzte Jahrzehnt zu Ende gegangen. Trotz der geschlossenen Grenzen hatten über all die Jahre hinweg Tausende einen Weg in den Westen gefunden und damit ihre Ablehnung der bestehenden Verhältnisse nachdrücklich zum Ausdruck gebracht. Seit dem Kriegsende wurde das politische Tagesgeschehen maßgeblich von Ulbricht bestimmt, zunächst aus der zweiten Reihe, dann als erster Mann des Staates. Weder westliche Medien noch die ostdeutsche Bevölkerung rech-

---

23 DER SPIEGEL Nr. 20/1971, 10. Mai 1971, S. 34.

neten damit, dass sich daran in absehbarer Zeit etwas ändern würde.

Und doch geschah es. Wenige Tage vor der offiziellen Verkündung war bereits im inneren Machtzirkel der SED, dem Politbüro, bekannt gegeben worden, dass Ulbricht seine Führungsposition zur Verfügung stellen müsse. Dies war ein heikler Moment, denn in der kommunistischen Bewegung existierten keine Regularien für einen solchen Schritt. Also hatte der Nachfolger eine Palastrevolte angezettelt, die letztlich aus einem entscheidenden Grund Erfolg hatte: Sie war mit Moskau abgestimmt. Dort wurde die Politik Ulbrichts inzwischen immer kritischer gesehen, vor allem galt sie als zunehmend unberechenbar. Die fehlgeschlagenen Reformbemühungen der 1960er Jahre, das Scheitern des Versuches, Westdeutschland wirtschaftlich zu überholen, Alleingänge in den deutsch-deutschen Beziehungen und ein gewisser Starrsinn selbst den sowjetischen Genossen gegenüber hatten die Bereitschaft Breschnews erhöht, einen radikalen Schnitt vorzunehmen. Schon seit Monaten drängte Ulbrichts Kronprinz auf die Ablösung seines politischen Ziehvaters, nun war es so weit: Jener Mann, der mehr als ein Viertel Jahrhundert die Geschicke des selbst ernannten »Arbeiter- und Bauernstaates« gelenkt hatte, trat sang- und klanglos ab. Mehr noch: Er musste offiziell darum bitten, »aus Altersgründen« von seiner Funktion als Erster Sekretär

^ *Der neue erste Mann in Moskau, Leonid Breschnew, besucht im April 1967 die DDR. Die Verbundenheit mit Ulbricht währt nur kurz.*

des Zentralkomitees entbunden zu werden und seinen intriganten Nachfolger selbst vorschlagen: Erich Honecker. Zwar blieb Ulbricht als Vorsitzender des Staatsrates formell weiterhin Staatsoberhaupt, doch faktisch war seine Entmachtung total. In der Öffentlichkeit trat er nicht mehr in Erscheinung, in den gleichgeschalteten Medien kam er nicht mehr vor und bis zu seinem Tod am 1. August 1973 lebte er abgeschirmt und zurückgezogen. Selbst in seiner eigenen Partei geriet er ebenso schnell wie gründlich in Vergessenheit – was von seinem Nachfolger zielstrebig befördert wurde.

Mit der Inthronisierung Honeckers, der zu diesem Zeitpunkt bereits 58 Jahre alt war, kündigten sich Veränderungen an. Zugleich teilte der neue starke Mann zahlreiche Erfahrungen mit dem alten: Er stammte aus einfachen Verhältnissen, hatte sich früh der kommunistischen Bewegung angeschlossen, die Barbarei des Nationalsozialismus erlebt und alle Kursänderungen seit 1945 willfährig nachvollzogen. Er war ein Mann des Apparates, ein hauptamtlicher Funktionär mit einer steilen Parteikarriere. Er hatte die Gründung der DDR als Vorsitzender der Freien Deutschen Jugend erlebt, sich nach dem Volksaufstand auf Ulbrichts Seite geschlagen und war daraufhin noch im Verlauf der 1950er Jahre in höchste Parteigremien aufgestiegen. Seine Feuertaufe war der Mauerbau gewesen, den er als zuständiger Sekretär des ZK organisatorisch abzu-

^ *Ein Bürokrat, der unauffällig, doch sehr zielstrebig an seiner
Karriere arbeitet: Erich Honecker. Hier 1951 als Chef der FDJ.*

wickeln hatte. Aus Sicht der SED-Spitze (und Moskaus) tat er dies äußerst erfolgreich und empfahl sich damit endgültig für höchste Ämter. Jenseits der SED wurde Honecker nur wenig wahrgenommen; er galt zumeist als blasser Bürokrat mit beschränkten Möglichkeiten. Als er jedoch am Ende der 1960er Jahre seine Chance kommen sah, griff er zu und arbeitete mit allen Mitteln auf Ulbrichts Sturz hin. So hatte er es von seinem Vorgänger gelernt, der ebenfalls nie zögerte, wenn es galt, sich politischer Konkurrenten zu entledigen. Am 3. Mai 1971 erklomm Honecker die Spitze der Machtpyramide. Die Frage war, was daraus nun folgen würde.

^ *Entmachtet. Im Juni 1971 ist Ulbricht abgesetzt, muss aber gute Miene zeigen. So auch hier, beim Empfang Prager Kommunisten.*

144

^ Am Ziel. Auf dem VIII. SED-Parteitag wird Honecker im Juni 1971 offiziell inthronisiert. Bis 1989 herrscht er über die DDR.

16. NOVEMBER 1976
BIERMANN UND DIE FOLGEN

EINE NEUE
»HAUPTAUFGABE«

Wiederum war es eine Spitzenveranstaltung der SED, ihr VIII. Parteitag, der die neue Richtung vorgab. In der Partei herrschte große Verunsicherung. Welche Konsequenzen würde der überraschende Machtwechsel haben und wo würde der Weg nun hinführen? Honecker blieb die Antwort auf diese Fragen nicht lange schuldig. Schon im Juni 1971, wenige Wochen nach der von ihm inszenierten Palastrevolte, trat er in der Ost-Berliner Werner-Seelenbinder-Halle an das Sprecherpult und verkündete seine Visionen für die Zukunft.

Was er zu sagen hatte, ließ aufhorchen. Nach einem Jahrzehnt, das auf Modernisierung und Wachstum des industriellen Sektors abgezielt hatte, sollten nun plötzlich wieder die Bedürfnisse der Bevölkerung in den Mittelpunkt rücken: Die »Erhöhung des materiellen und kulturellen Lebensniveaus des Volkes« wurde zur neuen »Hauptaufgabe«[24] aller Politik erklärt. Das war ein grundlegender Bruch mit den Ulbricht-Jahren, veränderte die (Wirtschafts-) Politik der SED fundamental. War es bisher oberstes Ziel gewesen, eine international konkurrenzfähige Ökonomie zu schaffen, um dann in einem zweiten Schritt das allgemeine Lebensniveau in der DDR zu verbessern, galt nun die umgekehrte Herangehensweise. Zunächst sollte die materielle Lage der Einwohner spürbar verbessert werden. Das, so die Überzeugung, würde deren Begeisterung für den Sozialismus stärker als bisher wecken und schließlich zu einer höheren Produktivität in allen Lebensbereichen führen.

---

24 Protokoll der Verhandlungen des VIII. Parteitages der SED, Bd. 1, Berlin (Ost) 1971, S. 61.

Loyalität sollte Stabilität erzeugen. Anders ausgedrückt: Zuerst musste man Geld ausgeben, das dann zu mehr Engagement führen und so die Kassen wieder füllen würde. Was der neue starke Mann jedoch nicht erwähnte: Die erhofften positiven Effekte konnten nur dann eintreten, wenn beide Punkte in vollem Umfang realisiert würden. Sollte das nicht der Fall sein, würde die DDR wegen der erhöhten Ausgaben für den Konsum und sozialpolitische Maßnahmen unweigerlich in eine Schuldenfalle geraten.

Honeckers Neudefinition der »Hauptaufgabe« ging unter dem Motto der »Einheit von Wirtschafts- und Sozialpolitik« in die Geschichte ein, und sie zeigte schnell erste, durchaus erfreuliche Ergebnisse. Nie zuvor hatte es in der Geschichte der DDR eine Phase gegeben, in der sich die Lebensbedingun-

^ *Aufschwung. In Leipzig werden erstmals implosionsgeschützte Bildröhren präsentiert, am Berliner Müggelsee herrscht Entspannung.*

gen so schnell und so umfassend verbesserten. Bis zur Mitte der 1970er Jahre wurden Löhne und Renten mehrfach angehoben, wovon insbesondere Empfänger geringer Einkommen profitierten. Aber auch das Durchschnittseinkommen wuchs: von 755 Mark der DDR im Jahr 1970 auf 850 Mark vier Jahre später. Die Zahl der Urlaubstage stieg, während die wöchentliche Arbeitszeit gesenkt wurde. Junge Familien konnten jetzt zinslose Kredite in Anspruch nehmen und der bezahlte Mutterschaftsurlaub im Anschluss an die Geburt des Nachwuchses wurde verlängert. Formell herrschte im »Arbeiter- und Bauernstaat« Vollbeschäftigung und die Preise für Grundnahrungsmittel blieben trotz steigender Werte am Weltmarkt weiterhin stabil.

Als Kernprojekt der »Einheit von Wirtschafts- und Sozialpolitik« schälte sich ein ehrgeiziges Wohnungsbauprogramm heraus. Es legte fest, dass das

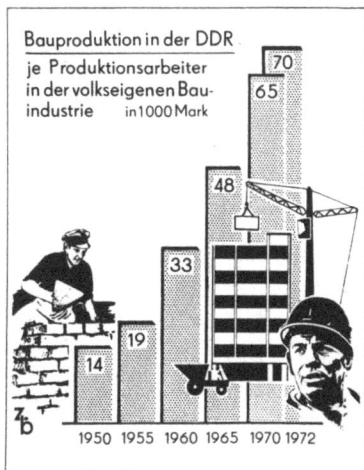

Bauproduktion in der DDR
je Produktionsarbeiter
in der volkseigenen Bauindustrie   in 1000 Mark

1950	1955	1960	1965	1970	1972
14	19	33	48	65	70

^ *Ein Bauboom setzt ein. Wohnungen werden ebenso gebaut wie Prestigeobjekte, so auch auf dem Berliner Alexanderplatz.*

noch immer massive Problem angemessenen Wohnraumes bis 1990 als »soziale Frage« zu lösen sei. Allein bis 1975 war der Bau von 500 000 Wohnungen vorgesehen, ihre Gesamtzahl sollte sich schließlich auf etwa drei Millionen belaufen. Tatsächlich setzte eine rege Bautätigkeit ein. Deren Schwerpunktsetzung wiederum war zeitnah erkennbar: Es galt, in industrieller Bauweise kostengünstig und schnell möglichst viele Gebäude zu errichten. An den Rändern großer Städte und auch in kleinen

^ *Ganze Stadtteile und Zweckbauten wachsen aus dem Boden, etwa Berlin-Marzahn und das Sport- und Erholungszentrum der Metropole.*

Gemeinden wuchsen daraufhin Neubauten aus dem Boden: die »Platte« beherrschte alsbald das Erscheinungsbild auf den Baustellen. Die Innenstädte und Dorfkerne hingegen verfielen noch stärker als bisher.

^ *Lebensfreude macht sich republikweit breit, sei es am Ostsee-strand in Warnemünde oder im Berliner Kulturpark Plänterwald.*

Insgesamt war der in den Jahren 1971 bis 1975 erzielte Fortschritt beachtlich. Die Läden füllten sich mit zuvor nicht verfügbaren Artikeln, die Spareinlagen der Bevölkerung wuchsen überproportional und die Ausstattung mit langlebigen Konsumgütern stieg rasant an. Hatten 1970 nach offiziellen Angaben noch 15 Prozent aller Haushalte über ein Auto verfügt, so verdoppelte sich diese Zahl bis 1976. Im gleichen Zeitraum stieg der Anteil der Haushalte mit einem Kühlschrank von 65 auf 89 Prozent und derjenige mit Waschmaschinen von 58 auf 83 Prozent. Ähnliche Entwicklungen waren in Hinblick auf den Pro-Kopf-Verbrauch an Lebensmitteln zu verzeichnen. Es ging ohne Frage aufwärts in der DDR, das tägliche Leben wurde leichter und die Zukunft erschien erstrebenswert.

Dass trotz all dieser positiven Indikatoren Ungemach drohte, zeigte sich bereits in der Mitte des Jahrzehnts. Produktivität und Produktionsumfang waren sowohl in der Industrie als auch in der Landwirtschaft gewachsen, selbst der ökonomische Rückstand zur Bundesrepublik schien sich nun zu verringern. Dieses Wachstum reichte aber nicht aus, um die ständig steigenden Kosten aufzufangen; Kredite aus westlichen Staaten mussten die wachsende Lücke schließen. Die SED-Führung spendierte ihrem Volk immer neue sozialpolitische Errungenschaften, sie tat es in großem Umfang – leisten konnte sie sich das allerdings nicht. Alsbald sollten sich ernsthafte Konsequenzen zeigen.

^ *Warenhäuser mit Selbstbedienung werden vielerorts errichtet.*
Auch sie profitieren nachhaltig von dem gesteigerten Angebot.

Diese Konsequenzen fielen schließlich umso härter aus, als die neue SED-Führung bereits 1971/72 entschied, die letzten Reste der Privatwirtschaft in der DDR zu eliminieren. Noch immer wurden zu diesem Zeitpunkt etwas mehr als zehn Prozent der industriellen Bruttoproduktion in Betrieben erzeugt, die nicht oder nur in Teilen verstaatlicht waren. Zumeist handelte es sich dabei um kleinere Betriebe, die oftmals hoch spezialisiert waren und rare Konsumgüter herstellten. Sie wirtschafteten erfolgreich und die dortigen Angestellten verdienten erkennbar mehr als im volkseigenen Sektor. Diese Betriebe wiesen jedoch einen entscheidenden Mangel auf: Sie waren in der marxistisch-leninistischen Ideologie schlicht nicht vorgesehen. Bisher hatte man sie geduldet, da sie wichtige Funktionen bei der Versorgung der Bevölkerung erfüllten. Honecker aber entschied – auch als Abgrenzung von seinem Vorgänger –, dass damit nun Schluss sein müsse. Daraufhin wurden etwa 11 000 Betriebe unterschiedlichster Art enteignet, aufgekauft, verstaatlicht; ihre Eigentümer erhielten im besten Fall eine geringe finanzielle Entschädigung. Wie schon zuvor, so gaben auch dabei rein weltanschauliche Beweggründe den Ausschlag. Mit ökonomischer Rationalität hatte das nichts zu tun, passte aber die Realität an die Vorstellungswelt der Machthaber an. Das war wieder einmal das allein entscheidende Kriterium.

^ *Der Berliner Fernsehturm ist seit 1969 Symbol für die Leistungskraft der DDR. Bis heute erfreut er sich großer Beliebtheit.*

ZWISCHEN ZUVERSICHT
UND RESIGNATION

Wer den tiefen Fall der DDR am Ende der 1980er Jahre verstehen möchte, muss nicht nur deren Geburtsfehler berücksichtigen, sondern auch die wachsende (und schließlich herb enttäuschte) Hoffnung der frühen Ära Honecker. Denn nicht nur die allgemeinen Lebensbedingungen verbesserten sich rasant; überhaupt schien es mit dem »Arbeiter- und Bauernstaat« endlich richtig vorwärts zu gehen. Außenpolitisch reihte sich nun Erfolg an Erfolg: 1972 trat die DDR der UNESCO, der Organisation der Vereinten Nationen für Bildung, Wissenschaft und Kultur, bei. Im Mai 1973 wurde sie Mitglied der Weltgesundheitsorganisation (WHO) und im September des gleichen Jahres – zeitgleich mit der Bundesrepublik – schließlich Vollmitglied der Vereinten Nationen (UNO). Um die damit verbundene internationale Anerkennung hatten die Machthaber lange gekämpft, jetzt war sie realisiert.

Doch nicht nur global, auch bilateral entwickelten sich die Dinge prächtig. Am Beginn des Jahres 1973 nahmen gleich dreizehn, vorwiegend westliche Staaten diplomatische Beziehungen zur DDR auf, darunter Italien, Spanien und die Niederlande. Wenig später folgten Frankreich und Großbritannien, im September 1974 schließlich die USA. Die DDR, aus prekären Verhältnissen heraus gegründet und demokratisch nie legitimiert, war auf dem Weg, ein wichtiger Partner im Zusammenspiel der Weltgemeinschaft zu werden und versäumte es nicht, diese Entwicklung zu feiern, wann immer es möglich war. Auch so sollte die Loyalität ihrer Bürger gefestigt werden.

Selbst in einen Bereich, der sich bisher stets als vorbelastet, höchst komplex und ergebnisarm erwiesen hatte, kam plötzlich Bewegung: die deutsch-deutschen Beziehungen. Obgleich Honecker die Bundesrepublik 1972 erstmals als Ausland bezeichnet hatte und die geänderte DDR-Verfassung von 1974 nicht mehr von einer Wiedervereinigung beider Staaten sprach, war das beiderseitige Verhältnis in der Praxis zunehmend von Entspannung getragen. Verschiedenste Abkommen wurden getroffen, die Einzelheiten des gemeinschaftlichen Daseins regelten.

Besondere Bedeutung kam dem im Dezember 1972 geschlossenen Grundlagenvertrag zu. Er schrieb gutnachbarschaftliche Beziehungen auf gleichberechtigter Basis ebenso fest wie einen Gewaltverzicht und die prinzipielle Unverletzlichkeit der bestehenden Grenzen. Das bedeutete jedoch keine völkerrechtliche Anerkennung der DDR durch die Bundesrepublik. Im Gegenteil, das im Grundgesetz verankerte Wiedervereinigungsgebot galt weiterhin und ausdrücklich war im Grundlagenvertrag angemerkt, dass die Grenzen bei beiderseitigem Einvernehmen durchaus verändert werden könnten.

Den sichtbarsten Ausdruck der veränderten, sich entspannenden Lage bildeten die Ständigen Vertretungen, die im Mai 1974 im jeweils anderen Staat eröffnet wurden. Da die Errichtung von Botschaften faktisch die diplomatische Anerkennung des Gegenübers bedeutet hätte (was die SED-Führung zutiefst wünschte, die Bundesrepublik aber kategorisch ablehnte),

^ *Zweimal jährlich zeigt die Leipziger Messe Fortschritte der DDR-Ökonomie. Die Stadt verströmt dafür gar internationales Flair.*

einigten sich beide Seiten auf diese, völkerrechtlich weniger
verbindliche Lösung. Fortan waren die Ständigen Vertretungen einer der wichtigsten innerdeutschen Verbindungsstränge,
sollten aber vor allem in Ost-Berlin fortlaufend für Verärgerung
sorgen. Denn: Immer wieder flüchteten DDR-Bürger, die keine andere Möglichkeit sahen, in die bundesdeutsche Vertre-
tung, um so ihre Ausreise in den anderen deutschen Staat zu
erzwingen. Das sollte bis 1989 so bleiben.

Die DDR schien insgesamt also aufzuholen, etablierte sich,
und ihre politische Führung sah das Land auf Augenhöhe mit
der Bundesrepublik. Ohnehin, davon waren Honecker und seine Spitzengenossen ja überzeugt, würde der Sozialismus letzt-
endlich siegen – und dieser Moment rückte in ihrer Interpretation immer näher. Wenn es eines handfesten Beweises für
diese These bedurfte, so offenbarte er sich am 22. Juni 1974.
Was wohl niemand für möglich erachtet hatte, passierte: Ausgerechnet auf dem Gebiet der Bundesrepublik, in Hamburg,
besiegte die Fußball-Nationalmannschaft der DDR die bundesdeutsche mit 1:0. Es war die einzige Weltmeisterschaftstur-
nier, für die sich das ostdeutsche Team jemals qualifizierte, und
gleich schlug sie den offiziell verfeindeten Bruder. Die daraus
resultierende Euphorie reichte bis in höchste politische Kreise. Doch wie so oft täuschte das Hochgefühl. Denn während
die DDR trotz des historischen Sieges in der Zwischenrunde
ausschied, wurde die Bundesrepublik schließlich Weltmeister.

^ *Hamburg, 22. Juni 1974. Franz Beckenbauer, Berti Voigts und Martin
Hoffmann beim bedeutendsten Sieg der DDR-Nationalmannschaft.*

Dass der Siegtorschütze, Jürgen Sparwasser, Jahre später in die Bundesrepublik übersiedelte, setzte dem Ganzen die Krone auf. Symbolisch zeigte sich hier, was 15 Jahre später ganz offensichtlich werden würde: Kurzfristige und eng begrenzte Erfolge reichten keineswegs aus, um dauerhaft Stabilität zu erzeugen. Trotz der unbestreitbaren Fortschritte blieb die DDR in ihrer Entwicklung weiterhin erkennbar hinter der Bundesrepublik zurück; ein Umstand, an dem sich nie etwas ändern sollte.

Zur internationalen Anerkennung der DDR trug auch der Umstand bei, dass sich das Land aktiv in die Konferenz für Sicherheit und Zusammenarbeit in Europa (KSZE) einbrachte. An deren Beratungen nahmen zwischen 1973 und 1975 wichtige Staaten aus Ost und West teil; Ziel war es unter anderem, zu verbindlichen Übereinkünften hinsichtlich der blockübergreifenden Zusammenarbeit, der Vermeidung von Gewalt in Streitfällen und der Umsetzung der allgemeinen Menschenrechte zu gelangen. Gerade der letzte Punkt erwies sich allerdings als problematisch für die diktatorisch herrschende SED. Denn indem sie am 1. August 1975 die Schlussakte der Konferenz im finnischen Helsinki unterschrieb, verpflichtete sie sich ausdrücklich auch zur Einhaltung eben jener Menschenrechte. Da die Schlussakte kein völkerrechtlich verbindlicher Vertrag, sondern eher eine Absichtserklärung war, mussten die Machthaber in Ost-Berlin bei Verletzungen der Grundfreiheiten auch weiterhin keine internationalen Konsequenzen fürchten. Einen Umstand aber hatten sie offensichtlich unterschätzt. Unzufriedene DDR-Bürger beriefen sich fortan auf das Papier und forderten die Einhaltung der dortigen Festlegungen, insbesondere auch der persönlichen Freizügigkeit einschließlich der Wahl des Aufenthaltsortes. Der KSZE-Prozess wurde so zum innenpolitischen Bumerang für die SED-Spitze, denn wer immer das Land jetzt verlassen wollte, konnte auf die in Helsinki

^ *53-facher Nationalspieler, gefeierter Sieger und am Ende von der SED-Führung als Verräter verunglimpft: Jürgen Sparwasser.*

geleistete Unterschrift verweisen. Das hatte selten konkrete Folgen, trug aber zumindest zur moralischen Bloßstellung der nur scheinbar demokratischen Verhältnisse bei.

Denn so weltoffen, liberal und zukunftsgewandt, wie sich die DDR auf internationalem Parkett präsentierte, war sie durchaus nicht. Auch Honecker dachte mitnichten darüber nach, »seinem« Volk größere persönliche Freiheiten zuzugestehen. Wahlen blieben weiterhin eine bloße Farce, wodurch die politischen Verhältnisse (insbesondere die Alleinherrschaft der SED) unverrückbar feststanden. Die Partei regelte im Bedarfsfall alle wichtigen Facetten im Leben eines jeden Einzelnen: Besitz, Berufschancen, Karrieren. Jede allzu abweichende Meinung vom vorgegebenen Kurs wurde konsequent unterdrückt; allzu offensichtliche Opposition gegen die SED stand noch immer unter der Androhung von Repressionen bis hin zu Gefängnisstrafen. Intern war weiterhin von Klassenkampf die Rede und seit der Verfassungsänderung von 1974 galt die DDR endgültig als »sozialistischer Staat der Arbeiter und Bauern«, der zudem untrennbar mit der Sowjetunion verbunden sei. Wer immer sich den offiziellen Vorgaben unterwarf oder sich zumindest mit ihnen abfand, konnte in den frühen 1970er Jahren ein Leben in bescheidenem Wohlstand führen, wer das nicht tat, musste mit der ganzen Willkür des Staates rechnen. So notierte ein Bausoldat, der den aktiven Dienst an der Waffe aus religiösen Gründen verweigert hatte, im Dezember 1975 in seinem Tagebuch die Reaktion seines Vorgesetzten:

^ *Bundeskanzler Helmut Schmidt und Erich Honecker unterzeichnen die Schlussakte von Helsinki. Die Folgen waren kaum kalkulierbar.*

»So eine Gefühlsduselei, wie sie bei uns zugelassen wird, wäre bei Stalin unmöglich gewesen. Und das wäre viel richtiger, sagte der Oberfeldwebel. Man müßte das MG nehmen und sie an die Mauer stellen oder sie über das Minenfeld jagen.«[25]

Der Geist Stalins lag auch jetzt noch über dem Land und schlug sich im Handeln der politisch Verantwortlichen nieder. Offener Terror war nicht länger opportun, doch die kompromisslose Bekämpfung aller tatsächlichen wie vermeintlichen Gegner weiterhin auf der Tagesordnung. Sinnbild dafür wurde die berüchtigte »Zersetzungsrichtlinie« 1/76 der Staatssicherheit, die am 1. Januar 1976 in Kraft trat. Vom zuständigen Minister Erich Mielke unterschrieben, verklausulierte sie in bestem Beamtendeutsch Ungeheuerliches:

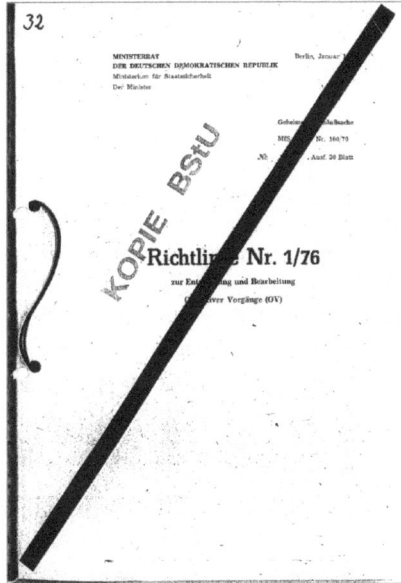

»Maßnahmen der Zersetzung sind auf das Hervorrufen sowie die Ausnutzung und Verstärkung solcher Widersprüche bzw. Differenzen zwischen feindlich-negativen Kräften zu richten, durch die sie zersplittert, gelähmt, desorganisiert und isoliert und ihre feindlich-negativen Handlungen einschließlich deren Auswirkungen vorbeugend verhindert, wesentlich eingeschränkt oder gänzlich unterbunden werden.«[26]

---

25 Tagebucheintrag ohne Datum, in: RHG/MG 01 (unpaginiert). »MG« bedeutet im Zitat »Maschinengewehr«.
26 Zitiert nach: David Gill/Ulrich Schröter, Das Ministerium für Staatssicherheit. Anatomie des Mielke-Imperiums, Berlin 1991, S. 389.

^ *Deckblatt der berüchtigten »Zersetzungsrichtlinie«. In ihr zeigt sich der menschenverachtende Charakter des Regimes unverhüllt.*

Das bedeutete nicht weniger, als dass Gegner der bestehenden politischen Ordnung ausfindig gemacht werden sollten, *bevor* sie überhaupt tätig wurden und dass zu ihrer Bekämpfung jedes, aber auch jedes Mittel erlaubt ist. Detailliert zählt die Richtlinie auf, was darunter zu verstehen sei, unter anderem die systematische Diskreditierung des öffentlichen Rufes der Betroffenen durch die Verbreitung von Halbwahrheiten, das Organisieren von beruflichen und privaten Misserfolgen, die Untergrabung des Selbstvertrauens, die Zuweisung von weit entfernten Arbeitsplätzen und vieles andere mehr. In einem Land, das über keine freie Presse, keine unabhängige Justiz oder sonstige Stellen verfügte, an die sich die derart Behandelten mit Erfolgsaussichten hätten wenden können, konnten Existenzen so allzu leicht vernichtet werden. Genau das aber war das Ziel, und tragischerweise gelang es allzu oft, es umzusetzen. Die SED behauptete unablässig, einzig legitime Interessenvertreterin des Volkes zu sein. Diese Behauptung galt jedoch nur so lange, wie das Volk still hielt und keinerlei Zweifel hegte. Regte sich Zweifel, zeigte die Diktatur sofort ihr hässlichstes Gesicht. Noch hatte sie die Kraft dazu.

Vorläufig aber blieb es weitgehend still im Staate Honeckers. Das war wesentlich der konsequenten Umsetzung der »Hauptaufgabe« und dem damit einhergehenden Wohlstandszuwachs geschuldet. Dass dennoch einiges faul war, offenbarte sich spätestens in der Mitte des Jahrzehnts. Zunehmend zeigte sich die Volkswirtschaft der DDR überfordert. Die erhoffte Steigerung der Produktivität durch eine möglicherweise gewachsene Loyalität der Arbeitnehmer blieb aus. Denn natürlich hatten die Arbeiter und Bauern die materiellen Segnungen der »Einheit von Wirtschafts- und Sozialpolitik« gern in Anspruch genommen. Das bedeutete aber noch immer nicht, dass sie sich deswegen mit der SED identifizierten oder gar aktiv für deren Ziele eintraten. Der Rückzug in die vermeintlich unpolitischen Nischen hatte längst begonnen und er sollte in den kommenden Jahren immer größeren Umfang annehmen. Ernüchterung machte sich wieder einmal breit.

Dazu trug ebenfalls bei, dass die SED in der Wirtschaftspolitik weiter auf ideologische Grundsätze setzte und die wahren Gegebenheiten im Zweifelsfall ausblendete. So setzten in Industrie und Landwirtschaft extreme Konzentrationsprozesse

ein, die zu derart überdimensionierten Betrieben führten, die kaum noch beherrschbar waren und daher oftmals Verluste machten. Entsprechende Phänomene durften aber nicht einmal thematisiert werden, denn die offizielle Linie galt als unantastbar. Wer immer sich dagegen auflehnte, und sei es auf der Grundlage ökonomischen Sachverstandes, musste damit rechnen, als Gegner diffamiert und entsprechend behandelt zu werden. Auch das lähmte das Engagement und verschärfte die Resignation. Als die weltweite Ölkrise heraufzog und die Sowjetunion im Januar 1975 ankündigte, die DDR nicht mehr zu subventionierten Preisen beliefern zu können, brach der Aufwärtstrend endgültig ab. Das Angebot in den Geschäften verschlechterte sich spürbar, der Wohnungsbau geriet ins Stocken, ein allgemeiner Mangel an Ersatzteilen sowie hochwertigen Konsumgütern hielt Einzug und es war nicht absehbar, wie dieser Trend jemals zu stoppen sein würde.

Manch einer fühlte sich nun fatal an die Zeit nach dem Mauerbau erinnert, die keine 15 Jahre zurücklag. Auch dort hatte es geheißen, dass nun alles besser werden würde, doch das passierte nur in geringem Umfang. Und wer etwas älter war, der kannte noch die Versprechungen der Jahre 1953 und 1958, nach dem Volksaufstand und dem V. Parteitag. Stets waren die Verheißungen groß gewesen und stets waren sie enttäuscht worden. Noch immer behauptete die SED, den Weg

^ *Im April 1976 eröffnet der Ost-Berliner Palast der Republik. Fortan finden hier Rockkonzerte ebenso statt wie SED-Parteitage.*

in eine verlockende Zukunft zu ebnen, glauben mochten das immer weniger DDR-Bürger. Viel zu hohl waren die immer gleichen Parolen, viel zu wenig stimmten Lebenswirklichkeit und offizielle Darstellungen überein.

Zudem war eine neue Generation herangewachsen, die zwar nur die DDR kannte, mit deren heroisch vorgetragenen Gründungsmythen aber wenig anzufangen wusste. Der Schwung der Anfangsjahre war verflogen und die ständige Berieselung mit antifaschistischen Legenden hatte fortlaufend ihre Bindungskraft verloren. Die frühen 1970er Jahre waren eine Zeit des Aufbruchs und der Hoffnungen gewesen, umso brutaler war nun die Ernüchterung. Wieder einmal hatte es nicht geklappt mit dem großen Sprung in das sozialistische Utopia. Wie lange sollte man darauf eigentlich noch warten, wie viele weitere Versuche akzeptieren? Zumal es in einer zunehmend medial durchdrungenen Welt ein Leichtes war, den direkten Vergleich mit der Bundesrepublik anzustellen. Zwar war die DDR gen Westen abgeriegelt, doch das bundesdeutsche Fernsehen zeigte jeden Abend, dass es Alternativen zur alltäglichen Tristesse des SED-Staates gab. Die Zeichen zwischen den beiden deutschen Staaten hatten in den Vorjahren auf Entspannung hingedeutet, dazu kam nun eine weitere Facette: Immer mehr Einwohner der DDR begannen, sich an den Standards der Bundesrepublik zu orientieren. Im Vergleich dazu schnitt der »Arbeiter- und Bauernstaat« zunehmend schlechter ab.

^ *Vergnügungsarena und Zeremonienstätte zugleich, ist der Palast im Inneren von Eleganz geprägt – anders als der Rest der DDR.*

DIE AUSBÜRGERUNG
WOLF BIERMANNS

Die DDR rühmte sich stets, der humanere deutsche Staat zu sein, der auf »gute« kulturelle Traditionen zurückgreife und in dem es keinen Platz für bürgerliche Dekadenz und ähnlich Verwerfliches gäbe. Wie alle anderen gewichtigen Bereiche, so war auch die Kultur einer zentralen Lenkung unterworfen, bewegte sich in klar definierten Grenzen und hatte letztlich dem Sozialismus zu huldigen. Freiräume gab es durchaus, doch die waren eng. Wer öffentlich auftreten und damit seinen Lebensunterhalt verdienen wollte, brauchte eine staatliche Genehmigung, die jederzeit wieder entzogen werden konnte. Erste und letzte Instanz zugleich war auch dabei die SED.

Unter diesen Voraussetzungen überrascht es nur wenig, dass der kulturelle Sektor in den frühen 1970er Jahren ein ähnlich wechselvolles Schicksal erlebte wie andere gesellschaftliche Sphären. Nach dem »Kahlschlag-Plenum« von 1965 und seinen Folgen hatte es eine kulturpolitische Eiszeit gegeben, nach Honeckers Machtübernahme schien es wieder Frühling zu werden. Der neue Erste Sekretär verstieg sich sogar zu der Aussage, aufgrund der gefestigten Position des Sozialismus dürfe es in der Kunst keine Tabus mehr geben. Plötzlich war vieles möglich, das zuvor als ausgeschlossen galt. Kritische Theaterstücke erlebten ihre Premiere, wie 1972 etwa »Die neuen Leiden des jungen W.« von Ulrich Plenzdorf, das vom Publikum begeistert aufgenommen wurde. Tanzmusik wurde hochoffiziell für gesellschaftsfähig erklärt, vor dem Rock'n'Roll (und härteren Varianten) allerdings weiterhin gewarnt. Mit »Die Legende von Paul und Paula« kam 1973 ein Film in die

Kinos, der eine ganze Generation prägen sollte und in skeptischen Tönen vom DDR-Alltag zu berichten wusste. Aufbruchsstimmung machte sich erneut breit.

Damit aber war bald Schluss. Als der SED-Führung Mitte des Jahrzehnts allmählich bewusst wurde, dass sie (wirtschafts-) politisch in eine Sackgasse geraten war, fürchtete sie zunehmend einen allgemeinen Kontrollverlust. Und in keinem anderen gesellschaftlichen Bereich wurde zu diesem Zeitpunkt derart offen, kritisch und selbstbewusst agiert wie in Kunst und Kultur. Zudem beschränkten sich die damit verbundenen Debatten nicht auf geschlossene Kreise, sondern fanden Widerhall überall im Land. Das unterwanderte das staatliche Meinungsmonopol; auch darum entschied sich die SED-Führung schließlich, hart durchzugreifen.

Einzelne Künstler bekamen alsbald unmittelbar zu spüren, welche Folgen Kritik unter diesen Vorzeichen haben konnte. Reiner Kunze wurde 1976 unter fadenscheinigen Gründen aus dem Schriftstellerverband der DDR ausgeschlossen und von der Staatssicherheit mit geheimdienstlichen Maßnahmen überzogen. Er siedelte ein Jahr später entnervt in die Bundesrepublik über. Schon 1975 war die äußert beliebte »Klaus Renft Combo« verboten und einige ihrer Mitglieder inhaftiert worden, die sich ebenfalls bald westlich der DDR wiederfanden. Filme wurden auf den Index gesetzt, Theateraufführungen untersagt, Auftrittsverbote verhängt und Kultureinrichtungen geschlossen. Wer immer sich anpasste, durfte auf die Segnungen der Partei hoffen und damit auf Karriere, Ruhm und Geld. Wer sich widersetzte, galt hingegen als Gegner der sozialistischen Ordnung und musste damit rechnen, entsprechend behandelt zu werden. Das erinnerte fatal an die Vorgange Mitte der 1960er Jahre; auch in Kunst und Kultur schien das politische System seither keinen Schritt weitergekommen zu sein. Die Enttäuschung darüber war umso größer, als Honecker nach seiner Inthronisierung das genaue Gegenteil versprochen hatte. Immer mehr Künstler drängte es daraufhin, zutiefst resigniert, in Richtung Bundesrepublik.

Einen Mann allerdings zog es nicht dorthin, zumindest nicht dauerhaft: Wolf Biermann. Der Liedermacher war eine schillernde Figur innerhalb der ostdeutschen Kulturszene und konnte bereits auf einen bemerkenswerten Lebenslauf verweisen.

1936 in Hamburg geboren, wuchs Biermann in einem kommunistischen Haushalt auf, seinen Vater hatten die Nationalsozialisten in Auschwitz ermordet. Im Alter von 17 Jahren, 1953, siedelte er aus tiefer Überzeugung in die DDR über, sah er in ihr doch den besseren deutschen Staat, in dem seine kommunistischen Ideale Wirklichkeit werden würden. Schnell aber rieb er sich an den deprimierenden Gegebenheiten vor Ort – und scheute sich nicht, offen darüber zu sprechen und zu singen. Dadurch aber geriet er mit den Machthabern in Konflikt, die ihn zwischenzeitlich hofiert und ihm Karrieremöglichkeiten geboten hatten. Über Jahre hinweg kam es zu Auseinandersetzungen, die mehrere Auftrittsverbote einschlossen und zeitweise mit großer Erbitterung geführt wurden. Biermanns westdeutsche Herkunft und seine wachsende Prominenz gaben ihm in diesen Auseinandersetzungen einen gewissen Schutz, konnten aber nicht verhindern, dass er zielgerichtet isoliert und permanent von der Staatssicherheit überwacht wurde. Zwar durfte er – im Gegensatz zu den sonstigen Bewohnern des Landes – wiederholt in die Bundesrepublik reisen und dort auch auftreten, doch ab 1965 unterlag er in der DDR einem vollständigen Auftritts- und Publikationsverbot. Trotzdem blieb Biermann überzeugter Kommunist und lehnte gar ab, was sich so mancher dringend

^ *Im Dezember 1962 darf Biermann seine Lieder publikumswirksam in der Akademie der Künste vortragen. Er erhält großen Beifall.*

wünschte: aus der DDR auszureisen. So wurde er zum permanenten Ärgernis für die SED.

Unter den Vorzeichen der verschärften Kulturpolitik bot sich im November 1976 die Gelegenheit, den Störenfried los zu werden. Die Planungen dazu liefen bereits seit Jahren. SED und Staatssicherheit hatten mehrere Szenarien entwickelt, wie das passieren könne, scheuten aber die öffentliche Auseinandersetzung mit dem streitbaren Sänger. Das ersparte ihm einen politischen Prozess, ließ schließlich aber eine andere Option zur Geltung kommen. Als Biermann aus der Bundesrepublik die Einladung für eine Veranstaltung der Gewerkschaft IG Metall erhielt, gestattete man ihm die Ausreise; wohl wissend, dass er nicht würde zurückkommen können. Vor mehreren tausend Zuhörern konzertierte Biermann am Abend des 13. November 1976 viereinhalb Stunden lang in Köln, das Ereignis wurde live im westdeutschen Fernsehen übertragen. Der Sänger sparte nicht mit Kritik an den Zuständen in der DDR, verteidigte aber ihr Existenzrecht und sehr offensiv den Kommunismus im Allgemeinen. Am Ende des Abends erhielt er tosenden Applaus.

Drei Tage später, am 16. November, trat das Politbüro der SED zu seiner wöchentlichen Sitzung zusammen und beschloss gemäß den vorliegenden Plänen, Biermann die Rückkehr zu verweigern. Honecker höchstpersönlich schlug diesen Schritt formell vor. Am 17. November erfuhr dann auch die übrige DDR-Bevölkerung, dass dem Liedermacher »wegen grober Verletzung der staatsbürgerlichen Pflichten die Staatsbürgerschaft der DDR aberkannt« wird: »Mit seinem feindlichen Auftreten gegenüber der Deutschen Demokratischen Republik hat er sich selbst den Boden für die Gewährung der Staatsbürgerschaft der DDR entzogen.«[27]

Es war keineswegs das erste Mal, dass die Machthaber diesen drastischen Schritt gewählt hatten, um kritische Geister zu entsorgen. Offensichtlich hielt man die Ausbürgerung für den elegantesten aller möglichen Wege, um sich Biermanns zu entledigen. Dabei unterschätzten Honecker und Genossen allerdings die Brisanz des Falles. Gerade wegen des harten kulturpolitischen Kurswechsels, der den Rahmen bildete, regte sich nun plötzlich Widerspruch. Mit Biermann war

168

---

27 Neues Deutschland, 17. November 1976, S. 2.

ein skeptischer, sich aber klar bekennender Kommunist ausgebürgert worden. Womit musste man unter diesen Voraussetzungen künftig rechnen? Kein Künstler konnte sich seiner Position mehr sicher sein, es ging jetzt um Grundsätzliches. Bisher Unvorstellbares geschah daraufhin: Am 17. November verfassten neun herausragende Künstler, bis auf eine Ausnahme Mitglieder der SED, eine Protestresolution. Sie war in Inhalt und Ton äußerst zurückhaltend und enthielt lediglich die Bitte, die beschlossene Maßnahme noch einmal zu überdenken. Zu den Erstunterzeichnern gehörten neben anderen Stefan Heym, Heiner Müller und Christa Wolf. In den Folgetagen schlossen sich mehr als 100 Schauspieler, Schriftsteller, Musiker, Regisseure und weitere, zumeist bekannte Künstler an und setzten ihre Unterschrift unter die Resolution. Da sich die Zeitungen der DDR weigerten, sie zu veröffentlichen, fand sie über den Umweg bundesdeutscher Medien Verbreitung. Das Ganze war ein ungeheuerlicher Vorgang. Widerspruch gegen das diktatorische Herrschaftsgebaren der SED hatte es immer und in unterschiedlichster Form gegeben. Dass aber kollektiv die Stimme erhoben wurde, und dann auch noch von prominenten Einwohnern der DDR, die bisher durchaus auch vom System profitiert hatten, hatte eine ganz neue Qualität.

Die SED-Führung holte zum Gegenschlag aus. Da es ohne neuerliche Kollateralschäden kaum möglich war, alle Künstler direkt zu disziplinieren, setzte eine umfassende Diffamierungs-

^ *Köln, November 1976. Biermann bei seinem wohl wichtigsten Konzert. Über Stunden hinweg wird gesungen, gelauscht und diskutiert.*

welle ein. In den gleichgeschalteten Medien wurden massenweise Zustimmungserklärungen zur Entscheidung der SED-Spitze gedruckt. Neben unbekannten »Werktätigen« befanden sich unter den Verfassern auch bekannte Kolleginnen und Kollegen der nun Angegriffenen, unter anderem Anna Seghers, Ludwig Renn und das Berliner Kabarett »Die Distel«. Öffentliche Veranstaltungen wurden inszeniert, die dem gleichen Zweck dienten. Das künstlerische Milieu der DDR war zutiefst gespalten, und nun traten auch Opportunisten auf den Plan, die ihre Chance sahen, sich durch vorauseilende Ergebenheitsadressen und scharfe Verurteilung der Resolution eigene Vorteile zu verschaffen. Die Auseinandersetzung spitzte sich beständig zu, der Druck auf die Unterzeichner erhöhte sich immer mehr, schließlich hagelte es Parteistrafen, Ausschlüsse aus Berufsverbänden und Auftrittsbeschränkungen. Einige zogen daraufhin ihre Unterschrift zurück, die markanteste Folge aber war eine andere: Zahllose der Betroffenen verließen die DDR und siedelten in die Bundesrepublik über. Die SED-Führung ließ sie nur zu gern ziehen und gestattete die Ausreise zumeist problemlos, wurde so doch das kritische Potenzial geschwächt. Von diesem künstlerischen Aderlass sollte sich die DDR nie wieder erholen.

Der Konflikt um die Ausbürgerung Wolf Biermanns reichte aber viel tiefer. Wieder einmal hatte die SED ihr wahres, unschönes Gesicht gezeigt. Wann immer ihre Macht infrage gestellt wurde, zögerte sie nicht, diese auch mit brachialsten Mitteln zu verteidigen. Das war stets so gewesen und daran, das zeigte

^ *Neben Protesten prominenter DDR-Künstler gibt es auch zahlreiche, zumeist anonyme Unmutsbekundungen aus der Bevölkerung.*

der »Fall Biermann«, hatte sich nicht das Geringste geändert. Honeckers Versuch, sich als moderner, weltoffener, gar liberaler Landesvater zu inszenieren, war endgültig misslungen. Seine »Einheit von Wirtschafts- und Sozialpolitik« musste schon allein wegen der sich immer schneller drehenden Schuldenspirale als gescheitert angesehen werden, und die Bevölkerung verlor zunehmend den Glauben an ein Gelingen der sozialistischen DDR. Das hieß noch lange nicht, dass damit das Ende des Landes bereits unwiderruflich festgeschrieben war. Aber ohne grundlegende Veränderungen am politischen, gesellschaftlichen und ökonomischen System, so viel war klar, würden sich die Überlebenschancen stetig verringern. Wo aber, das musste man nach den Vorgängen um die Ausbürgerung Biermanns fragen, sollte der Wille zur Veränderung herkommen? Die SED-Führung unter Erich Honecker war dazu offenkundig nicht bereit.

Biermann selbst erkannte und benannte im Übrigen das Ironische an seiner Ausbürgerung. In der »Populär-Ballade« schrieb er: »Ihr löscht das Feuer mit Benzin, Ihr löscht den Brand nicht mehr.« Und weiter: »Ihr macht, was Ihr verhindern wollt: Ihr macht mich populär«. Tatsächlich war er bis zum November 1976 zwar bekannt gewesen, für die meisten DDR-Bürger aber dürfte er kaum eine Rolle gespielt haben. Das änderte sich mit seiner Ausbürgerung, gerade weil es dabei eben um sehr viel mehr ging als um die Abschiebung eines ungeliebten Sängers. Hier offenbarten sich ganz grundlegende Defizite des »Arbeiter- und Bauernstaates«; Defizite, an denen er schließlich scheitern sollte.

^ *In der Bundesrepublik erfährt Biermann ebenfalls spürbare Unterstützung, unter anderem von Günter Wallraff und Rudi Dutschke.*

7. SEPTEMBER 1987
DEUTSCH-DEUTSCHES GIPFELTREFFEN

AN DER SCHWELLE ZUM
LETZTEN JAHRZEHNT

In der zweiten Hälfte der 1970er Jahre trat in der DDR die endgültige Ernüchterung ein. Die Bevölkerung erwartete kaum noch eine wesentliche Verbesserung der Situation und die SED-Spitze wusste, dass ihre »Einheit von Wirtschafts- und Sozialpolitik« faktisch gescheitert war. Die Sowjetunion, zunehmend mit eigenen ökonomischen Problemen beschäftigt, sah sich nicht mehr in der Lage, ihren ostdeutschen Platzhalter im bisherigen Umfang zu unterstützen. Das forcierte Wettrüsten brachte die Schutzmacht ab 1978 in weitere Bedrängnis, die sich mit dem Einmarsch in Afghanistan ein Jahr später nochmals verschärfte. Auf die Demokratisierungs- bestrebungen in Polen reagierte die dortige Staatsführung im Dezember 1981 mit der Verhängung des Kriegsrechtes. Für die DDR resultierten daraus massive Importausfälle (vor allem an dringend benötigten Rohstoffen) sowie die Erfordernis, den östlichen Nachbarn finanziell zu unterstützen. Das konnte sich der »Arbeiter- und Bauernstaat« eigentlich nicht leisten, doch viel zu sehr fürchteten die Machthaber ein Überspringen der Oppositionsbewegung auf das eigene Land. Also musste Polen in jeglicher Hinsicht stabilisiert werden. Das wiederum koste- te Geld, das unter anderem aus der DDR floss.

Innenpolitisch führte die einseitige Konzentration auf den Konsumsektor zu Mangelerscheinungen in allen anderen Be- reichen, zu massivem Verschleiß in den Betrieben und zu schwindender Innovation. In der Landwirtschaft zeigten sich zunehmend die negativen Auswirkungen der übermäßigen Konzentration und Spezialisierung der Produktionsgenossen-

schaften: Der Gewinn der riesigen Güter blieb »an den Rädern« hängen und die vollständige Trennung der Tier- von der Pflanzenproduktion zog unzählige Probleme nach sich. Mehrere Missernten taten ihr Übriges, um die Situation weiter zuzuspitzen. Allerorts wurde auf Substanz gefahren. Was das im Einzelfall bedeuten konnte, zeigt die handschriftliche Beschwerde einer Genossenschaftsbäuerin aus dem Kreis Angermünde an das Zentralkomitee der DDR. Der Fall ist ohne Zweifel drastisch, doch nicht gänzlich untypisch für das Jahr 1980:

^ *»Wie wir heute arbeiten, werden wir morgen leben«, heißt es.
Hoffnung ist da, doch es mehren sich die Zeichen der Stagnation.*

»Ich schreibe es so wie ich es denke. Meine Wohnung sieht von ausen aus wie ein Stall, der Rohbau ist zu zehen. Mit dem Haus ist eine Scheune verbunden. Die Scheune ist Baufällig, wenn die Scheune zusammenfällt, fällt das Haus mit zusammen. Die Türen fallen uns auch raus, die Öfen sind eingefallen, Küche sind steine, keine Wasserleitung. Das Wasser muss ich immer von der Kammer holen. Keine richtige Kochgelegenheit, keine Toilette. Der Keller ist zusammengefallen.

^ *August 1980. Das Leben geht weiter, die Sonne scheint. Ökono-*
   misch aber steht das Land jetzt kurz vor dem Zusammenbruch.

Die LPG ist dafür verantwortlich, die waren mit Raat der Stadt vier mal bei mir gewesen. Da ich alleinstehend bin und habe noch drei Schul pflichtige Kinder, denken die können es mit mir machen«.

Eine Überprüfung der Angelegenheit durch die zuständige SED-Kreisleitung ergab wenige Wochen später, dass alle »angeführten Fakten den Tatsachen entsprechen«. Die gröbsten Mängel wurden daraufhin beseitigt, der Einbau von Bad und WC für das Jahr 1981 zugesagt. Als der Zeitpunkt allerdings kam, mussten diese Maßnahmen wiederum verschoben werden: wegen »fehlender Kapazitäten«.[28]

Die Lebensbedingungen der DDR-Bevölkerung hatten sich in den vergangenen Jahrzehnten ohne jeden Zweifel stark verbessert, doch Anspruch und Wirklichkeit klafften nun immer extremer auseinander. Während sich das Land auf internationaler Bühne erfolgreich als eine der zehn bedeutendsten Industrienationen feierte, ging es vor Ort kaum noch voran. Die Infrastruktur verkam und der technologische Rückstand zum Westen wurde beständig größer.

Ursächlich für die verfahrene Situation war vor allem die Schuldenspirale, in die sich die Machthaber mit ihrer Politik des forcierten Konsums begaben. Innerhalb von nur zehn Jahren hatten sich die Verbindlichkeiten im nicht-sozialistischen Ausland verzehnfacht; das Land war kaum noch in der Lage, auch nur den Zinszahlungen nachzukommen. Eine Möglichkeit, dem Teufelskreis zu entrinnen, schienen weitere Kredite aus dem Westen zu sein. Die würden nicht ewig fließen, konnten die wichtigsten Engpässe aber zumindest zeitweilig überbrucken. Zwar warnten mahnende Stimmen davor, sich zu sehr vom Westen, insbesondere von der Bundesrepublik, abhängig zu machen, doch blieb ohnehin kaum eine andere Wahl. Hinzu kam eine weitere Überlegung, die Günter Schabowski, Mitglied des SED-Politbüros, später zu Protokoll geben sollte. Noch immer begriffen sich die ostdeutschen Machthaber »als kommende Sieger der Geschichte«. Letztlich, so Schabowski, »würde sich die Überlegenheit unseres Gesellschaftssystems ohnehin erweisen. Und was sollte so schlecht daran sein, sich

---

28 Vgl. die zahlreichen Unterlagen zu diesem Fall in: Bundesarchiv (BArch), DY 30/1930. Die Rechtschreibung folgt oben dem Original.

Mit neuen Ideen u. Taten in der Bürgerinitiative „Schöner unsere Städte und Gemeinden – Mach mit!"

STÄDTE UND GEMEINDEN
MACH MIT!

Frieden für uns, für alle, für immer!

ICH WILL LEBEN!
INS JAHR 2000 OHNE ATOM-WAFFEN

Wir kämpfen um den Titel „BEREICH DER VORBILDLICHEN SICHERHEIT UND ORDNUNG"
Leiste auch Du Deinen Beitrag

Sozialistische Demokratie in Aktion:
Arbeite mit, plane mit, regiere mit!

Friede in unserem Lande!
Friede in unserer Stadt!
Daß sie den gut behause,
Der sie gebauet hat!
Friede in unserem Hause!
Friede im Haus nebenan!
Friede dem friedlichen Nachbarn,
Daß jedes gedeihen kann!
Aus dem Friedenslied von Brecht

Unser Ziel bis 1990: „Durchsetzung des Sanitärprogramms in 88% aller Wohnungen"

bis dahin von den Kapitalisten finanzieren zu lassen?«[29] Rückblickend mag eine solche Aussage hochgradig naiv erscheinen, doch war sie im Kanon kommunistischen Denkens zutiefst verankert und hilft zudem zu erklären, warum die Spitzenfunktionäre der SED trotz der bekannten Probleme nie über eine grundlegende Änderung ihres Kurses nachdachten und schließlich sehenden Auges in den Untergang gingen.

Um an westliche Zahlungsmittel zu gelangen, war am Beginn der 1980er Jahre jedes Mittel recht. Verkauft wurde alles, was sich gegen Devisen absetzen ließ: Das reichte von hochwertigen Produkten über politische Gefangene bis hin zu sowjetischem Erdöl, das verarbeitet in die Bundesrepublik weitergereicht wurde. Waren und Rohstoffe fehlten dann wiederum in der DDR. Die Zeit, die man auf ein Auto, einen Fernseher oder ein Telefon warten musste, wurde immer länger, die Unzufriedenheit immer größer. Dabei war der Kulminationspunkt noch nicht einmal erreicht.

29   Interview mit Günter Schabowski, in: Jens Schöne, Stabilität und Niedergang. Ost-Berlin im Jahr 1987, Berlin 2010, hier S. 96.

^ *Unberührt von den wachsenden Problemen setzt die SED weiterhin auf altbekannte Parolen. Problemlösungen sind nicht in Sicht.*

DAS KATASTROPHENJAHR

Die Abhängigkeit von den westlichen Krediten hatte die DDR fest im Griff und intern gestanden sich die politisch Verantwortlichen mittlerweile ein, dass die Verschuldung von mehr als 20 Milliarden D-Mark aus eigener Kraft nicht mehr zu regulieren sei. Verzweifelte Vorschläge kamen nun auf den Tisch, etwa die Idee, Moskau solle die Schulden komplett übernehmen, dafür würde die DDR den Handel mit der Bundesrepublik einstellen und nur noch in die Sowjetunion liefern. Dieser Gedanke war in Zeiten systemübergreifender Globalisierung natürlich absurd, und Honecker musste sich von Breschnew deswegen wie ein Schuljunge abkanzeln lassen. Allein der Umstand, dass derartige Überlegungen überhaupt angestellt und kommuniziert wurden, zeigt, wie verfahren die Situation mittlerweile war.

Das vergangene Jahrzehnt war sowohl im Osten wie auch im Westen eine harte Krisenzeit gewesen, die sich im Ölpreisschock am sichtbarsten manifestierte. Doch während die marktwirtschaftlich verfassten Demokratien diesen Einschnitt auch als Gelegenheit zum Umbruch, zur Neuausrichtung und zum Strukturwandel genutzt hatten, verharrte der Ostblock in den alten Positionen. Das versperrte den Blick für mögliche Lösungsansätze, und dann traf es den »Arbeiter- und Bauernstaat« abermals erbarmungslos.

Da Polen sich 1981 für zahlungsunfähig erklärt und Rumänien seinen Schuldendienst eingestellt hatte, verloren die Kreditgeber das Vertrauen in die sozialistischen Staaten. Allein im ersten Halbjahr 1982 zogen die westlichen Gläubiger dar-

aufhin 40 Prozent ihrer kurzfristigen Einlagen aus der DDR ab und Ersatz war nicht in Sicht. Jetzt saß das Land endgültig in der Schuldenfalle, es fehlte schlicht an Devisen. Die allgemein schlechte Lage eskalierte und schlug am spürbarsten als allgegenwärtige Versorgungskrise durch. Das war keine Erscheinung des Jahres 1982 allein, doch jetzt trat sie mit aller Wucht zutage. Zuvor hatte die DDR von der sich ständig verringernden Substanz gelebt und in den Folgejahren sollte ausgerechnet die Bundesrepublik für Entlastung sorgen. Doch 1982 war jenes Jahr, in dem alles kulminierte. Warteschlangen vor den Geschäften kannte man schon, nun wurden sie immer länger. Leere Regale gehörten inzwischen zum Alltag, nun wurden selbst Grundnahrungsmittel knapp. Niemand hungerte, doch jene Zeit und Energie, die aufgewendet werden musste, um eine halbwegs ausgewogene und abwechslungsreiche Ernährung zu sichern, nahm sprunghaft zu. Man kaufte ein, wenn es etwas gab und was es gerade gab. Dass dies oftmals während der Arbeitszeit geschah, trug wenig zur Entspannung der Lage bei, wurde in den meisten Fällen aber stillschweigend geduldet, da (fast) alle mit den gleichen Problemen kämpften.

In den Verwaltungen herrschte zum Teil blanke Panik wegen der desolaten Lage, die sich immer mehr zuspitzte. War im Februar intern noch die Rede von »Versorgungslücken« und »wesentlichen Qualitätseinschränkungen« bei zahlreichen Lebensmitteln, so waren die Zuständigen Mitte des Jahres be-

^ *Das, was später ironisch »sozialistische Wartegemeinschaft« genannt wird, ist 1982 bittere Realität: stundenlanges Anstehen.*

reits damit beschäftigt, die Lücken auf jede nur erdenkliche Weise zu stopfen. Aus der zentralen staatlichen Reserve für Pflanzkartoffeln wurden tonnenweise Knollen zu Speisezwecken freigegeben. Der Fleischanteil in der Wurst sollte gesenkt werden, doch Semmelleberwurst und Semmelblutwurst stießen bei der Bevölkerung auf entschiedene Ablehnung. Neue Butter- und Margarinesorten kamen auf den Markt, denen allen gemein war, dass sie weniger Fettgehalt hatten als ihre Vorgänger. Auch der industrielle Sektor ächzte unter dem Mangel an tierischen wie pflanzlichen Fetten. Selbst Vogelfutter durfte nun auf zentrale Anweisung hin nicht mehr so hergestellt werden wie bisher, sondern nur noch auf Basis von Inlandsprodukten. Schließlich wurden gar Notfallpläne erstellt, die in Kraft treten sollten, falls die DDR den Import von Getreide ganzlich einstellen müsste. Und wenn es dann positive Nachrichten gab, wurden diese oftmals durch Zwangslagen an anderer Stelle zunichte gemacht. So stellte das Zentralkomitee der SED höchstselbst Ende Juli 1982 fest, dass es in den Kleingärten der Republik eine ganz hervorragende Weichobsternte gegeben habe. Nur: Es fehle der notwendige Zucker, um die Früchte durch Einwecken länger haltbar zu machen.

Ein weiteres, sehr grundlegendes Problem hing sowohl mit dem Mangel an Rohöl als auch dem wachsenden Modernisierungsstau zusammen. Überall im Land fehlte es an Transport- und Umschlagmöglichkeiten. Insbesondere in den ländlichen

^ *Selbst vor Buchläden bilden sich enorme Warteschlangen – und das auch in der Hauptstadt, die stets bevorzugt beliefert wird.*

Regionen funktionierte durch beherzten Einsatz der Gemeinschaft zwar noch der Verkehr vor Ort, überregional aber lief
immer weniger. Daher legte das Ministerium für Verkehrs-
wesen schon im April 1982 konkrete Pläne vor, um 186 zuvor
geschlossene Bahnhöfe zu reaktivieren. Doch auch dieses Vor-
haben scheiterte – an den mangelnden Kapazitäten, die dafür
Voraussetzung gewesen wären.

All diese Erscheinungen standen im scharfen Kontrast
zur Entwicklung in der Bundesrepublik, und das wurde sehr
wohl wahrgenommen. Zwar war 1982 auch dort kein ökono-
misches Erfolgsjahr, aber die Dinge schienen viel besser zu
funktionieren. Davon überzeugten sich allabendlich Millionen
DDR-Bürger, indem sie das westdeutsche Fernsehprogramm
anschalteten und gleichsam medial ausreisten. Die Bindung
an das eigene Land schmolz so weiter dahin.

Dieses Phänomen wurde verschärft, weil die SED auch unter den Bedingungen allgemeinen Mangels neue und weit rei-
chende Loyalitätsbekundungen der Bevölkerung einforderte.
Im März 1982 trat ein neues Grenzgesetz in Kraft. Hierin wurde erstmals ausdrücklich der Schießbefehl an der innerdeutschen Grenze festgeschrieben. Trotz ihrer Unterschrift unter
dem Abschlussprotokoll der Konferenz für Sicherheit und Zusammenarbeit in Europa, das die freie Wahl des Aufenthaltsortes garantierte, verpflichteten die Machthaber ihre Soldaten
nun auch formell, auf jeden »Verbrecher« zu schießen, der

^ *Eine äußerst beliebte Art, sich der tristen DDR zu entziehen: Man
schaut die bundesdeutsche »Tagesschau«, wie hier in Rostock.*

versuchen würde, das Land durch Flucht über die Grenze zu verlassen. Ein neues Wehrdienstgesetz bezog jetzt auch Frauen unter gewissen Bedingungen in die allgemeine Wehrpflicht ein und wer sich in der Schule der inzwischen obligatorischen Wehrkundeerziehung entzog, verlor seinen Anspruch auf einen Ausbildungsplatz, durfte unabhängig von seinen bisherigen Leistungen nur noch als Hilfsarbeiter angestellt werden.

Typisch für das Jahr 1982 war das an vielen Orten auf Jacken und Taschen auftauchende Symbol »Schwerter zu Pflugscharen«, das einen Schmied zeigte, der ein Schwert umformt, und das sich gegen das weltweite Wettrüsten wandte. Dagegen ging die SED mit vielfältigen disziplinarischen Maßnahmen vor, denn sie fürchtete negative Auswirkungen auf ihren eigenen Militarisierungskurs, insbesondere unter den jungen Menschen des Landes. Zu diesem Zweck versuchte sie auch die Kirche einzuspannen, die in Person des sächsischen Landesbischofs Johannes Hempel jedoch unumwunden feststellte, dass sie darauf keinen Einfluss habe. Hempel warnte im März 1982 vor weiterem aggressivem Vorgehen, denn es sei »eher geeignet, die Lage anzuheizen als die Jugendlichen davon abzubringen«. Und er ließ eine Warnung folgen, die nahezu hellseherischen Charakter trug:

> »Er habe Sorge, daß im Zuge einer zu harten Reaktion der Staatsorgane gegenüber den Jugendlichen ein

---

^ *Karl-Eduard von Schnitzler, genannt »Sudel-Ede«. In seinem »Schwarzen Kanal« hetzt er wöchentlich gegen die Bundesrepublik.*

gewisser Trend von keineswegs religiös oder kirchlich motivierten Jugendlichen, im Rahmen der Kirche einen Platz für ihre politische Opposition zu finden oder sich zu schaffen, noch verstärkt werde.«[30]

Seine Mahnung, die Zeit zu nutzen und nicht selbstverschuldet eine Opposition gegen die eigene Politik herauszufordern, ignorierte die SED. Sieben Jahre später, als die Resignation in aktives Handeln umschlug, sollte genau dieser Entwicklung dann eine entscheidende Bedeutung zukommen.

Insgesamt war der Grundwiderspruch des Jahres 1982 nur allzu offensichtlich: Die SED zeigte sich nach über drei Jahrzehnten an der Macht kaum noch in der Lage, die Bevölkerung adäquat zu ernähren; nie zuvor seit den 1950er Jahren waren Realität und das in den gleichgeschalteten Medien vermittelte Bild weiter voneinander entfernt und die Lage verfahrener. Die daraus resultierende Stimmung brachte ein Technologe des Chemiefaserwerkes in Premnitz am allerletzten Arbeitstag des Jahres treffend auf den Punkt: »Und dann die Frage: Was steht vor der Tür und sieht rabenschwarz aus? Alle wußten es und alle waren sich einig: Das neue Jahr. Ernüchterung. Na, denn Prost 1983.«[31]

---

30 Information über das Gespräch Staatssekretär Klaus Gysi mit Landesbischof Hempel am 12.3.1982 (gez. Gysi), in: StAufarb., Rainer Eppelmann, Nr. 260.
31 Jeannette Madarász-Lebenhagen (Hg.), Alltag im ostdeutschen Premnitz. Mit den Kalenderblättern (1982-1984) von Hubert Biebl, Berlin 2012, S. 29.

^ *1982, Totenstille am Brandenburger Tor. Jeder Veränderungswunsch verhallt, alternative Ideen werden konsequent kriminalisiert.*

INNERE EROSION

Die wahrlich dramatische Situation in der DDR klang 1983 wieder ab, vor allem wegen eines Milliardenkredites, für den die westdeutsche Bundesregierung bürgte und der harte Währung in die Kassen des klammen »Arbeiter- und Bauernstaates« spülte. Ausgerechnet der andere deutsche Staat rettete so dessen Existenz. Ausschlaggebend dafür war die in Bonn und München bestehende Befürchtung, dass eine instabile DDR zu einem instabilen Europa führen könne. Die Folgen eines solchen Prozesses wären unabsehbar und würden in Zeiten forcierten Wettrüstens nur allzu schnell in kriegerische Auseinandersetzungen umschlagen. Das galt es um jeden Preis zu verhindern, und die Milliardenkredite der Jahre 1983 und 1984 waren jener Preis, den die Bundesregierung zu zahlen bereit war.

Materiell verbesserte sich die Lage in der DDR schnell, doch die katastrophalen Umstände von 1982 hinterließen tiefe Spuren. Große Teile der Bevölkerung hatten den Glauben an das sozialistische Utopia bereits verloren, hinter verschlossenen Türen wurde gern, viel und völlig zu Recht über die bestehenden Verhältnisse geschimpft. Mit Loyalität konnten die Machthaber im Bedarfsfall kaum noch rechnen. Lange bevor sich der Kern dessen herausschälte, was später als Opposition in die Geschichte der DDR eingehen sollte, wandten sich immer mehr Menschen von der SED und den von ihr propagierten Zielen ab. Dazu kam jetzt eine neue Facette: Die Verunsicherung, bis hin zur Ablehnung des offiziellen Kurses, erreichte die Funktionseliten des Landes, die eigentlich die Abläufe zu regeln und für Stabilität zu sorgen hatten.

Überall im Land entdeckte die Staatssicherheit plötzlich die gleichen Phänomene. Unter den leitenden Wirtschaftskadern, die in den meisten Fällen zugleich Mitglied der SED waren, mache sich eine »destruktive« Haltung breit, ebenso »Lamentiererei und Panikmacherei«. Es herrsche große Unzufriedenheit, da die Vielzahl der Probleme den Belegschaften in den Betrieben kaum noch zu vermitteln sei. Schon am Beginn des Katastrophenjahres 1982 sei »die politisch-ideologische Grundposition einer großen Zahl der Kader« negativ gewesen und nicht wenige von ihnen würden »Probleme, Widersprüche und Konflikte als systemimmanent und somit unter unseren gesellschaftlichen Verhältnissen als unlösbar ansehen.«[32] Das war eine klare Absage an die realsozialistischen Gegebenheiten in der DDR, und sie wurde von Funktionären getroffen, die ihre Karrieren oftmals dem »Arbeiter- und Bauernstaat« zu verdanken hatten. Wenn selbst sie es nicht mehr für möglich erachteten, die Schwierigkeiten im Rahmen der SED-Diktatur zu lösen, dann konnte das auf Dauer nicht folgenlos bleiben.

Vorläufig blieb es trotz der voranschreitenden Desillusionierung ruhig. Die Verantwortlichen machten weiterhin ihre Arbeit und versuchten zumeist, sie mit den vorhandenen Mitteln möglichst effektiv zu erledigen. Ihre Loyalität aber hatte stark gelitten und würde im Zweifelsfall kaum zur Festigung

---

32 Leiterinformation 1/82 vom 28. Januar 1982, in: BStU, BV Potsdam, AKG 1318, Bl. 5f.

∧ *Brisante Männerfreundschaft. Franz Josef Strauß und Alexander Schalck-Golodkowski, die die Milliardenkredite geheim aushandeln.*

des Systems beitragen. Es war nicht damit zu rechnen, dass sie den offenen Aufstand proben würden, doch ihr Glaube an die sozialistische Zukunft war tief erschüttert. Die innere Erosion der DDR schritt voran.

Während Funktionsträger und Bevölkerung einen fortschreitenden Prozess der Ernüchterung durchlebten, begann eine kleine Minderheit, sich gegen die bestehenden Verhältnisse zu engagieren. Da parlamentarische oder sonstige Opposition ausdrücklich nicht vorgesehen war, sondern von den Blockparteien seit jeher nur simuliert wurde, stand jedes Abweichen von der offiziell vorgegebenen Linie unter Strafandrohung. Entsprechend zaghaft entwickelten sich nonkonforme Verhaltensweisen. Widerspruch gegen die Herrschaft der SED hatte es immer gegeben, und er reichte von entschlossenem Antikommunismus bis hin zu kommunistischen Reformern. In den frühen Jahren des »Arbeiter- und Bauernstaates« attackierten Opponenten das politische System mitunter noch direkt, um ihm ein Ende zu bereiten, das war jetzt anders. Denn inzwischen war eine neue Generation herangewachsen. In der DDR sozialisiert, fehlte ihr der gesamtdeutsche Erfahrungshorizont. Daher zielte die wahrnehmbare Auflehnung kaum noch auf eine Wiedervereinigung der beiden deutschen Teilstaaten ab, sondern vor allem auf eine Veränderung der bestehenden Verhältnisse. Reform, nicht Revolution war das Ziel. Alles andere wäre ohnehin selbstzerstörerisch gewesen, denn die Diktatur besaß keinerlei Toleranz gegenüber jeglicher Art abweichenden Verhaltens. Langsam, vorsichtig und in kleinen Schritten entfaltete sich daher eine zivilgesellschaftliche Gegenbewegung, die allerdings nie mehr als eine verschwindend kleine Minderheit der Bevölkerung umfasste. Gleichwohl sollte ihr am Ende der 1980er Jahre entscheidende Bedeutung zukommen.

Es war das vielfach zitierte »Dach der Kirche«, unter dem sich der Widerspruch am häufigsten manifestierte. Das Verhältnis zwischen dem SED-Staat und den religiösen Körperschaften, insbesondere der evangelischen Kirche, hatte unterschiedliche Phasen durchlaufen, die zeitweise in einen unerbittlichen Kampf gegen diese Einrichtungen ausarteten. Inzwischen jedoch gab es eingespielte Arrangements. Der selbst ernannten »Partei der Arbeiterklasse« galt Religion zwar immer noch als Opium für das Volk, als rückständig und längst

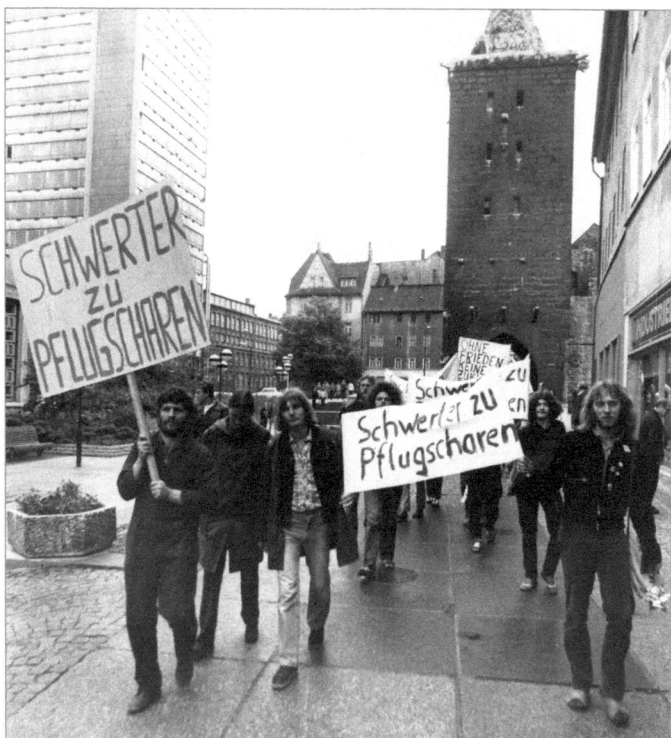

überlebt. Eine allzu enge Anbindung an die Kirche und ein offenes Bekenntnis dazu waren auch weiterhin wenig karrierefördernd. Nur, wer offen an die Sache des Sozialismus glaubte, durfte auf die Segnungen des Staates hoffen.

Ansonsten aber war die Kirche die einzige halbwegs autonome Einrichtung in der DDR und wurde von den Machthabern vorläufig geduldet. Sie unterhielt eigene Bildungseinrichtungen, gab eigene Publikationen heraus und übte sich zumindest intern in pluralistischer Meinungsäußerung. Genau das machte sie für all jene interessant, die sich in der Diktatur eingeengt fühlten, die ihre Gedanken frei äußern wollten und alternative Ideen zur tristen Realität hegten. Man musste nicht religiös sein, um kirchliche Räume aufzusuchen. Immer mehr Menschen kamen wegen einer allgemeinen Unzufriedenheit mit ihren Lebensumständen. Man lernte sich kennen, knüpfte Kontakte und begann, erste Netzwerke zu schaffen.

^ *Oppositionelles Gedankengut lässt sich nicht mehr gänzlich aus dem Straßenbild verdrängen, wie hier im Mai 1983 in Jena.*

Die von Bischof Hempel geäußerte Befürchtung, die SED könne durch ihr kompromissloses Vorgehen selbst oppositionelle Kräfte schaffen, war nicht von der Hand zu weisen. Denn oftmals beginnt Opposition mit kleinen, eigentlich unpolitischen Äußerungen oder Handlungen. Ähnlich wie in der Bundesrepublik waren es die Themen Frieden und Umwelt, die zunächst im Mittelpunkt standen, dann auch zunehmend Fragen der Menschenrechte. Konsequent kriminalisierten die SED und ihre Sicherheitsorgane jede Aktivität, die von der vorgegebenen Linie abwich.

Monierten etwa Bewohner Umweltschäden, die durch die auf Verschleiß fahrende Wirtschaft verursacht wurden, so konnte das sofort die Staatssicherheit auf den Plan rufen, wie etwa 1985 im kleinen Ort Retzow im Kreis Nauen (Bezirk Potsdam). Hier war das Grundwasser seit Jahren durch Abwässer und Jauche der örtlichen Produktionsgenossenschaft verunreinigt. Trotz wiederholter Beschwerden hatte sich daran nichts geändert, aktiv wurden die zuständigen Stellen erst, als sie Gefahr für ihre eigene Position witterten: »Da dieses Problem in den letzten Jahren nicht gelöst wurde, wird den staatlichen Organen die Fähigkeit der Gewährleistung des Umweltschutzes abgesprochen.« Schlimmer noch: »Aufgrund der jüngsten Aktivitäten der evangelischen Kirche im Bereich

^ *Illegale Druckschriften prangern verstärkt Missstände an. Die Technik dafür muss auf abenteuerliche Weise besorgt werden.*

der Ökologie besteht die Möglichkeit einer Verbreitung dieses Problems durch entsprechende Kirchenkreise.«[33] Nun brach hektische Betriebsamkeit aus. Zum einen sollte die Situation tatsächlich verbessert werden, was aber wieder einmal am allgemeinen Ressourcenmangel scheiterte. Zum anderen leitete das Ministerium für Staatssicherheit eine umfängliche Untersuchung ein, die sich vor allem auf den örtlichen Pfarrer konzentrierte, aber auch andere Personen erfasste. Damit gerieten sie in das Blickfeld der Geheimpolizei, standen fortan unter Beobachtung und generell im Verdacht, oppositionelles Gedankengut zu hegen: ein durchaus typischer Vorgang für die DDR der 1980er Jahre.

Insgesamt schien das Land zu diesem Zeitpunkt recht stabil, doch unter der Oberfläche rumorte es vielfältig. Weder die um sich greifende Resignation noch die im Entstehen begriffene Opposition stellten vorerst eine existenzbedrohende Gefahr für die SED dar. Überhaupt wäre es verfehlt, davon zu sprechen, dass der weitere Weg alternativlos vorgezeichnet gewesen sei. Noch war Zeit und Gelegenheit, gegenzuhalten, die innere Erosion zu stoppen und das politische System zu festigen. Dass sich die Partei dazu auch zukünftig nicht in der Lage

---

33 Information vom 20.5.1985, in: BStU, BV Potsdam, AKG 744, Bl. 269f.

^ *Auch Druckpapier ist knapp. Ebenso intensiv wie argwöhnisch beobachtet und dokumentiert das MfS alle verdächtigen Aktivitäten.*

zeigen würde, konnte niemand wissen. Ganz im Gegenteil, ihr
Generalsekretär steuerte wenige Jahre vor dem Ende des »Ar-
beiter- und Bauernstaates« auf seinen größten politischen Tri-
umph zu: Erich Honecker brach zu einem offiziellen Besuch in
die von ihm so sehr geschmähte Bundesrepublik auf.

^ *Pfingsten 1987. In Ost-Berlin rebellieren Jugendliche, Rufe wer-*
den laut: »Die Mauer muss weg«. Die Polizei greift hart durch.

ERICH HONECKER
IN BONN

Deutsch-deutsche Spitzentreffen fanden in den frühen 1980er Jahren vor allem in Moskau statt. Nachdem der westdeutsche Bundeskanzler Helmut Schmidt der DDR im Dezember 1981 einen Arbeitsbesuch abgestattet hatte, traf man sich wiederholt in der sowjetischen Hauptstadt. Der Grund dafür war ebenso einfach wie makaber: Zwischen 1982 und 1985 verstarben drei Generalsekretäre der KPdSU. Zu deren Beerdigung reisten Politiker aus aller Welt an. Dort trafen auch Honecker und der 1982 in das Amt gekommene Kanzler Helmut Kohl aufeinander, der die von Schmidt zuvor ausgesprochene Einladung erneuerte.

Trotz des forcierten Wettrüstens und der damit einhergehenden Konfrontation zwischen den Machtblöcken hatten sich die innerdeutschen Beziehungen in den vorangegangenen Jahren positiv entwickelt. Sie waren nie konfliktfrei, doch von der gemeinschaftlichen Grundüberzeugung getragen, dass eine Normalisierung beiden Seiten nützen würde. Die DDR zielte vor allem auf weitere Anerkennung ihrer Existenz und ökonomische Vorteile, die Bundesrepublik auf eine schrittweise, evolutionäre Veränderung des »Arbeiter- und Bauernstaates«. Die damit scheinbar verbundene Annäherung zwischen beiden Verhandlungspartnern wurde von sowjetischer Seite argwöhnisch beäugt. In grundsätzlichen Entscheidungen war die DDR nach wie vor nicht souverän, Moskau behielt sich mindestens ein Vetorecht vor. Das kam auch zum Einsatz, als es 1984 ein erstes Treffen zwischen Honecker und Kohl auf bundesdeutschem Gebiet geben sollte. Ausgerechnet Michail Gorbatschow, der

wenig später zum Hoffnungsträger aufsteigen sollte, kam die
Rolle zu, die bereits vorbereitete Zusammenkunft zu unterbinden. Honecker, kurz vor seinem politisch bedeutendsten Coup
stehend, musste die Reise aus fadenscheinigen Gründen absa-
gen. Nachdem Gorbatschow aber durch seine Wahl in höchste
Parteiämter im März 1985 neue Spielräume gewonnen hatte,
stellte er sich nicht mehr in den Weg. Ein neues Treffen konnte
geplant werden.

Für Honecker und die von ihm vertretene Politik gab es
mehrere Gründe, die das Gipfeltreffen so wichtig erscheinen
ließen. Ein Besuch in Bonn würde die DDR gegenüber der
Weltöffentlichkeit auf gleicher Augenhöhe mit der Bundesrepublik erscheinen lassen, der Erste Sekretär würde außenpolitische Stärke demonstrieren und eine Souveränität seines Landes suggerieren, über die es tatsächlich keineswegs verfügte.
Die Bundesrepublik hatte den »Arbeiter- und Bauernstaat« nie
anerkannt, in ihrem Grundgesetz war noch immer das Wiedervereinigungsgebot verankert – und doch würde Honecker
in der westdeutschen Hauptstadt gemeinsam mit dem Bundeskanzler über den roten Teppich schreiten. Das war auch ein
wichtiges Signal nach innen: Je mehr die Loyalität der eigenen
Bevölkerung schwand, um so wichtiger wurde es, auf anderen
Gebieten Erfolge vorzuweisen. In der DDR war seither vieles
mehr Schein als Sein, daher kam starken Bildern eine so zentrale Bedeutung zu: »Der Empfang in Bonn im September 1987

^ *Der neue erste Mann aus Moskau: Michail Gorbatschow. Wegen seiner Reformen ist er weit weniger gern gesehen als seine Vorgänger.*

war freundlich. Zum ersten Mal erklang die Staatshymne der DDR in Bonn; der Staatsflagge der DDR wurde die ihr zukommende Ehre erwiesen.«[34]

Welche Bedeutung die SED-Spitze dem Ereignis beimaß, ließ sich auch an ihrem Agieren im Vorfeld erkennen. Mit großem Aufwand inszenierte sie sich zur humanen Machthaberin, die ihrem Volk gegenüber milde und nachsichtig handelt. Im Juli 1987 beschloss der Staatsrat der DDR die Abschaffung der Todesstrafe sowie eine Generalamnestie, in deren Folge mehr als 24.000 Verurteilte aus dem Strafvollzug entlassen wurden. An der Berliner Mauer gab es 1987 »nur« einen Toten; das war ein Viertel der Vorjahreszahl. Dieser eine Tote aber zeigte, dass sich prinzipiell nichts geändert hatte. Die SED-Führung dachte jenseits kosmetischer Maßnahmen nicht einmal in Ansätzen daran, ihre Diktatur zu reformieren. Sie allein verfügte über die Macht und verteidigte sie mit allen Mitteln. Daran hatte sich in den vorangegangenen Jahrzehnten erkennbar nichts geändert. Nur bedingungslose Zustimmung zum Sozialismus garantierte Leben und persönliches Vorankommen. Wer sich auch nur zu entziehen versuchte, musste noch immer mit drastischen Folgen rechnen.

Während Honecker sich auf seine Reise gen Westen vorbereitete, blieben die Grenzen in diese Richtung weiterhin

---

34   Erich Honecker, Moabiter Notizen. Berlin 1994, S. 47.

^ *Ein feierlicher, doch frostiger Empfang durch Bundeskanzler Kohl. Erstmals besucht ein DDR-Staatsoberhaupt die Bundesrepublik.*

hermetisch abgeriegelt. Ein durchschnittlicher DDR-Bürger musste nach wie vor einen begründeten Antrag stellen, wenn er die tödliche Scheidelinie überqueren wollte. Ein solcher Antrag wurde im Anschluss von der SED-Administration genehmigt oder auch nicht. Die Kriterien für diese Entscheidung waren undurchsichtig, Einspruch nicht möglich. Es herrschte Willkür – dem hatten sich alle zu unterwerfen. Die Medien der DDR verkündeten täglich und lautstark, dass die Partei alles zum Wohle des Volkes tun würde, intern aber wurde Tacheles geredet. So führte ein hochrangiger Mitarbeiter der Staatssicherheit vor leitenden Angestellten der Kriminalpolizei im Januar 1987 aus, dass es »keineswegs« darum ginge, »dass so viel als möglich, sondern in erster Linie die richtigen Bürger der DDR reisen«. Richtig sei, was die Partei festlege, und nicht Entscheidungen »entsprechend den Vorstellungen und Forderungen von Bürgern«.[35]

Im Vorfeld des Bonn-Besuches feierte sich die DDR als modern, großzügig und zukunftszugewandt, obwohl das Gegenteil der Fall war. Sie hatte damit durchaus Erfolg, auch Teile der westlichen Welt fielen auf diese Inszenierung herein. Dass der Riese, als der sich das Land darstellte, längst auf tönernen Füßen stand, fiel erstaunlicherweise kaum jemandem auf. Mit der buchstäblich stolzgeschwellten Brust reiste Honecker in die Bundesrepublik. Dabei fehlte auch ein emotionaler Höhepunkt nicht: Der SED-Generalsekretär würde nach langen Jahren erstmals wieder sein Geburtshaus (und seine Schwester) im saarländischen Wiebelskirchen besuchen.

Die vom 7. bis zum 11. September dauernde Reise galt offiziell als Arbeitsbesuch, doch Honecker wurde mit nahezu allen protokollarischen Ehren empfangen, die einem Staatsoberhaupt zukamen. Das Programm war umfänglich: Der Bundespräsident Richard von Weizsäcker empfing ihn ebenso zu einem Gespräch wie der bayerische Ministerpräsident Franz Josef Strauß und dessen saarländischer Amtskollege Oskar Lafontaine. Honecker parlierte im Stammsitz der Familie Krupp, der Villa Hügel in Essen, mit Spitzenvertretern der Wirtschaft und stattete dem schwer erkrankten SPD-Politiker Herbert Wehner, den er aus seiner Jugend kannte, einen nos-

---

35 Vortrag Generalmajor Büchner, 28. Januar 1987, in: BStU, HA VII, Nr. 483, Bd. 1, Teil 1 von 2.

talgischen Besuch ab. Mehr als 2000 Journalisten berichteten live und produzierten die gewünschten Bilder und Texte. Honecker schien auf dem Höhepunkt seiner Macht angekommen: ein weltweit geachteter Staatsmann, der auch mit den Großen der westlichen Welt verkehrte und von diesen nur zu gern empfangen wurde. Das war auch ein Zeichen in Richtung Moskau. Denn dort begann Gorbatschow vorsichtig mit seiner Politik von Perestroika und Glasnost, Umgestaltung und Offenheit, von der sich die SED-Spitze harsch abgrenzte. Damit aber stellte sich Honecker gegen die langjährige Schutzmacht, vergessend, wem die DDR ihre Existenz eigentlich verdankte. Auch das sollte nicht ohne Folgen bleiben.

Der öffentliche Höhepunkt des deutsch-deutschen Gipfeltreffens war ein Galadinner am Abend des 7. September 1987 in Bonn. Gastgeber war Kanzler Kohl, und das Ereignis wurde in beiden deutschen Staaten live im Fernsehen übertragen. Zu keinem anderen Zeitpunkt wurden die unterschiedlichen Auffassungen hinsichtlich der Deutschlandpolitik so erkennbar wie an diesem Abend. Kohl betonte in seinem Toast, dass sich trotz der gegenseitigen Annäherung nichts an den unvereinbaren Deutungen in prinzipiellen Fragen geändert habe. Das Grundgesetz betone die Notwendigkeit einer Vereinigung der beiden Staaten, das sei und bleibe Ziel seiner Politik. Honecker hatte dem wenig Substanzielles entgegenzusetzen. In bekannten Worten, mit Fistelstimme und steinerner Miene mahnte

^ *Erstaunlich ist, dass es überhaupt stattfindet und auch noch live übertragen wird: das Galadinner vom 7. September 1987.*

er dazu, die Realitäten anzuerkennen und die bilateralen Beziehungen weiter zu normalisieren. Die Unverletzbarkeit der Grenzen aller Länder Europas in der gegenwärtigen Form sei entscheidende Bedingung für den Frieden, für den die DDR ohnehin ununterbrochen kämpfen würde. Der Abend schleppte sich dahin, doch Honecker hatte seinen Punkt gemacht: Er, nicht der Reformer Gorbatschow, saß in Bonn und sprach vor der versammelten Weltpresse. Das schien seine Staatsführung zu sanktionieren und manchen Zweifel zu zerstreuen. Die DDR schien endgültig in der internationalen Staatengemeinschaft angekommen.

Doch nicht jeder Termin verlief so befriedigend. Nachdem am Vortag bereits im kleinen Kreis über den Schießbefehl an der innerdeutschen Grenze bzw. der Berliner Mauer gesprochen worden war (den Honecker selbstredend leugnete), traf man sich am 8. September erneut. Hier reagierte der Generalsekretär auf Kohls Ausführungen weit staatsmännischer als am Abend zuvor: Hatte die allgemeine Amnestie nicht erst kürzlich deutlich gemacht, dass es in der DDR keine politischen Gefangenen mehr gibt? Unter den Entlassenen seien Personen, »die den Wunsch haben, in die BRD überzusiedeln«? In diesem Falle würde die Ausreise aus der DDR selbstverständlich »ohne Vorbehalte« gestattet werden. Die Bundesrepublik erbittet ergänzende Gespräche bezüglich möglicher Familienzusammenführungen? Darüber könne man natürlich reden. Weitere Anliegen sollten zur Prüfung übermittelt werden. Man werde sich den Problemen wohlwollend widmen. So zeichnete Honecker abermals das Bild einer toleranten, weltoffenen DDR-Führung, die zu umfassenden Gesprächen bereit sei. Sicher gebe es Probleme, doch könnten diese im gemeinsamen Dialog gelöst werden. Die Zeiten des Kalten Krieges zwischen beiden deutschen Staaten seien schließlich vorbei, was sich auch unmittelbar auf die Innenpolitik der SED niederschlage: »Aus politischen oder Gewissensgründen bleibe niemand in Haft.«[36] Das entsprach wiederum nicht den Tatsachen, sollte jedoch die Stabilität der Verhältnisse verdeutlichen. Denn wenn alle politischen Gefangenen auf einen Schlag entlassen wurden, dann gab es wohl kaum noch Gründe, sie zu fürchten.

---

36 Niederschrift über die Gespräche am 7. und 8.9.1987 in Bonn, in: SAPMO-BArch, DY 30/Büro Honecker, Nr. 2.397.

Das war zumindest der Eindruck, den Honecker nicht ohne Erfolg zu vermitteln versuchte.

So verlief der Besuch in der Bundesrepublik letztlich zur vollen Zufriedenheit der ostdeutschen Seite. Zwar wurden nur bilaterale Verträge von nachgeordneter Bedeutung unterzeichnet – etwa zum Strahlenschutz und zur wissenschaftlich-technischen Zusammenarbeit –, doch war dies ohnehin nicht der entscheidende Punkt. Siegessicher kehrte der greise Staatsführer in die DDR zurück. Was zu diesem Zeitpunkt niemand wissen konnte: Bis zu seinem schmachvollen Sturz verblieben kaum mehr als zwei Jahre.

^ *Staatsbesuch absolviert, Verträge unterschrieben und der nächste Parteitag vor der Tür. Die Zukunft scheint gesichert. Noch.*

^ *Ein Höhepunkt des Jahres 1987: 750 Jahre Berlin. Die Feiern sind pompös und teuer, die Schuldenspirale dreht sich kräftig.*

^ *Weiterhin alltägliche Erscheinungen und inzwischen Gewohn-*
heit in der geteilten Stadt: Mauern, Wachtürme, Todesstreifen.

^ *Auf 43,7 Kilometer Länge zieht sich die innerstädtische Mauer durch Berlin. Sie steht jetzt seit 26 Jahren. Wie lange noch?*

9. NOVEMBER 1989
MAUERFALL

VOR DEM STURM

Kaum war Honecker in seinen »Arbeiter- und Bauernstaat« zurückgekehrt, zeigte die SED-Diktatur ihr unschönes Gesicht. Jetzt, da der so wichtige Besuch in Bonn absolviert war, konnte die bisherige Zurückhaltung entfallen. In schneller Folge zeigte sich, was das bedeutete. Als am 17. Oktober 1987 Skinheads das Konzert der Band Element of Crime in der Ost-Berliner Zionskirche überfielen, neonazistische Parolen brüllten und wahllos auf die Besucher einprügelten, geschah – nichts. Die allgegenwärtige Staatsmacht griff nicht ein, obwohl sie vor Ort war. Offensichtlich war es ihr wichtiger, dass die überwiegend dem alternativen Milieu zuzuordnenden Konzertbesucher diszipliniert würden, als gegen das rechtsradikale Gebaren

^ *Längst hat sich eine Subkultur etabliert, die Grenzen überschreitet: Element of Crime reist zum Konzert aus West-Berlin an.*

vorzugehen. Hinzu kam, dass es derartiges Gedankengut nach Definition der SED in der DDR gar nicht gab. Weil nicht sein durfte, was die Ideologie nicht vorsah, wurde das Ereignis konsequent ignoriert. Dagegen aber regte sich wachsender Protest, der einen Gerichtsprozess gegen die Täter erzwang und schließlich auch eine drastische Erhöhung der zunächst äußerst milden Strafen. Dieser Vorgang hatte eine völlig neue Qualität: Erstmals erfasste der Entrüstungssturm nicht nur oppositionelle Gruppen, sondern auch ganz normale Bürger. Und er zeigte, dass man dem Regime bei entsprechendem Engagement durchaus Zugeständnisse abtrotzen konnte. Bereits hier deutete sich an,

was 1989 von entscheidender Bedeutung sein sollte.

Es dauerte nicht lange, und die Machthaber ließen es auf eine neuerliche Kraftprobe ankommen. Dieses Mal sollte es tatsächlich der Opposition an den Kragen gehen und wieder stand die Zionskirche im Mittelpunkt des Geschehens. In den Kellerräumen ihres Gemeindehauses hatte sich die Umweltbibliothek etabliert, die der interessierten Öffentlichkeit unerwünschte bzw. verbotene Publikationen zur Verfügung stellte. Die kirchlichen Räume und der bevorstehende Bonn-Besuch hatten ihr einen gewissen Schutz gegeben, im Winter 1987 war damit Schluss. In der Nacht vom 24. zum 25. November besetzten Mitarbeiter von Staatssicherheit und Staatsanwaltschaft die Umweltbibliothek, verhafteten Anwesende und beschlagnahmten Teile der Technik sowie des vorgefundenen Materials. Durch die »Aktion Falle«, wie sie im Jargon des MfS hieß, sollte die Opposition insgesamt kriminalisiert und in ihrer Entwicklung gehemmt werden. Tatsächlich jedoch trat der gegenteilige Effekt ein. Eine Solidarisierungswelle brach los: Zuvor verstrittene Oppositionsgruppen redeten plötzlich miteinander und gaben gemeinsame Erklärungen heraus. Öffentliche Mahnwachen für die Inhaftierten wurden abgehalten, deren Versorgung mit Tee und Brötchen wiederum von ganz gewöhnlichen Menschen übernommen wurde, die der Opposition eigentlich fernstanden. Bärbel Bohley, wichtige Protagonistin der Friedlichen Revolution von 1989/90, erinnerte sich später:

»Dieses neuartige Engagement war für uns durchaus ein Zeichen der Hoffnung. Denn es zeigte, dass wir, die ›Schmalspur-Opposition‹, von der Bevölkerung wahrgenommen wurden. Man beobachtete uns anscheinend, so gut man konnte, auch wenn man selbst weit davon entfernt war, sich als Oppositioneller zu begreifen. Und 1987 wurden dann immer mehr Menschen aktiv, bezogen Stellung und sagten ihre Meinung.«[37]

Hier kam ein Prozess in Gang, der wenig später das gesamte Land davonspülen würde, und er war keineswegs auf Ost-Berlin beschränkt. Immer öfter schlug die stille Resignation in Aktivismus um, auch wenn dieser vorerst auf eine kleine Minderheit der Bevölkerung beschränkt blieb. Die DDR befand sich keineswegs in revolutionärer Unruhe, doch die Zeichen mehrten sich, dass etwas gründlich schief lief im Staate Honeckers.

Bisher undenkbare Dinge geschahen. Demonstrationen häuften sich und fanden 1988 in so unterschiedlichen Städten wie Bautzen, Erfurt, Leipzig, Pasewalk und Schwerin statt. Die SED-Leitung eines Volkseigenen Betriebes in Falkensee meldete ganz unverblümt auf die Frage der übergeordneten Parteigliederung, wie sich die Dinge in den kommenden Jahren entwickeln würden: »Die Arbeits- und Lebensbedingungen der Werktätigen … werden sich bis 1995 wiederum nicht wesentlich verbessern.«[38] Im öffentlichen Raum der DDR tauchten vermehrt Verweise auf Wolf Biermann auf, so etwa im kleinen Dörfchen Garlitz (Bezirk Potsdam). Selbst die Schwächsten der Schwachen begannen zu rebellieren: Wiederholt streikten Arbeiter aus Mosambik, die aus ihrem Heimatland zur Minderung des Arbeitskräftemangels eingeflogen worden waren und faktisch über keinerlei Rechte verfügten. Auch sie vermochten es jetzt, ihre zumeist berechtigten Wünsche mit den Mitteln des Arbeitskampfes durchzusetzen.

All diese Aktivitäten erfolgten vereinzelt, unkoordiniert und wurden in den meisten Fällen von der breiten Bevölkerung kaum wahrgenommen. Sie erreichten nicht annähernd ein Ausmaß, das eine akute Gefahr für die Machthaber dargestellt hätte. Zugleich aber machten sie deutlich, dass der innenpolitische Druck stieg, immer mehr Menschen mit ihrer Situation unzufrieden und jetzt auch bereit waren, dies kund zu tun.

VOR DEM STURM

---

37 Interview mit Bärbel Bohley, in: Schöne, Stabilität und Niedergang, S. 79.
38 Stellungnahme der Parteileitung vom 21. November 1988, in: BStU, BV Potsdam, 1. Stellvertreter Operativ, Nr. 7 Bl. 21.

Diese Bereitschaft resultierte nicht zuletzt aus dem Umstand, dass sich die Lage ganz allgemein nicht verbesserte, sondern fortwährend schwieriger wurde. Das Angebot in den Geschäften sank weiter, die Schlangen vor den Geschäften wuchsen, die Umweltbelastung nahm erschreckend zu, die überlebten Propagandafloskeln konnten das Fehlen von Zukunftskonzepten nicht mehr übertünchen und die industrielle Produktion pfiff auf dem letzten Loch.

Sinnbild dafür – sowie für die totale Unfähigkeit der Verantwortlichen, überhaupt noch zweckmäßig zu reagieren – ist ein Hilferuf, der Anfang 1988 aus Halle an der Saale erklang. Der Betriebsdirektor des dortigen VEB Schlacht- und Verarbeitungsbetriebes hatte wegen der verheerenden Zustände in seinem Betrieb Alarm geschlagen. Die anschließende Überprüfung ergab, dass die dortige Kühlanlage seit 53 Jahren lief, »stark verschlissen« war und »durch starke Korrosion der Gesamtanlage eine Generalreparatur erforderlich« sei. Das Grundproblem: Die Kühlung erfolgte mithilfe von zehn Tonnen hochgiftigen Ammoniaks. Alle Beteiligten waren sich einig, dass der Betrieb »zur ernsten Gefahr für die Gesundheit und das Leben der Werktätigen und der angrenzenden Wohnbevölkerung« geworden sei. Es wurde dringend empfohlen, ihn zeitnah abzureißen. Doch wieder einmal geschah nichts. Ursache dafür war der Umstand, dass einige Spitzenpolitiker in Ost-Berlin fürchteten, bei einem Ausfall des Betriebes würde die Fleischversorgung in Teilen der DDR zusammenbrechen. Da Devisen für die dringendsten Instandhaltungsarbeiten ebenfalls fehlten, erging stattdessen eine andere, höchst ungeeignete Anweisung: Der Betrieb solle weiterarbeiten wie bisher und die Sicherheit durch »Kontrollen rund um die Uhr«[39] gewährleistet werden. Das war schlicht und ergreifend absurd, gab in hohem Maße aber die massiven Verwerfungen in der DDR kurz vor ihrem Ende wieder. So wie der Betrieb, schleppte sich das gesamte Land mittlerweile am Rande des Zusammenbruchs dahin. Das war auf den ersten Blick nicht zu sehen, doch hinter den Kulissen stauten sich die Probleme inzwischen in einem Umfang, der nicht mehr beherrschbar sein würde, wenn die Lage endgültig eskalierte.

39 Information über eine Havariesituation (o. D.), in: SAPMO-BArch, DY 30/203.

»WIR SIND DAS VOLK!«

Am Abend des 30. April 1989 fanden überall in der DDR Volksfeste statt, die zumeist mit einem hochoffiziellen Fackelzug begannen und auf dem örtlichen Festplatz endeten. Anlass war der »Kampf- und Feiertag der Arbeiterklasse« am 1. Mai. Das war seit Jahren so, und auch jetzt nahm die Bevölkerung die sinnentleerten Rituale auf sich, um anschließend ordentlich miteinander zu feiern. Dafür war jeder Anlass willkommen, und der Alkohol floss vielerorts in Strömen. So auch in der kleinen Gemeinde Großwudicke im Kreis Rathenow (Bezirk Potsdam). Was dort geschah, gab einen Vorgeschmack auf die kommenden Ereignisse; das Dorf nahm Weltgeschichte vorweg.

Es begann, so notierte die Staatssicherheit später, ganz allgemein mit »ironischen Auslassungen gegenüber dem Bürgermeister«. Bald darauf aber wurde es konkreter. Es bildete sich ein Chor aus Mitgliedern der Freiwilligen Feuerwehr und begann lauthals zu singen: »40 m im Quadrat, Minenfelder, Stacheldraht, jetzt wißt ihr, wo ich wohne, in der Zone«. Damit aber endeten die Gesänge nicht. Was dann kam, war eine klare Kampfansage an das politische System: »Deutschland wird vereinigt sein, jetzt reißen wir die Mauer ein.«[40]

Zu diesem Zeitpunkt, im April 1989, schien der Gedanke, dass die Berliner Mauer fallen könnte, noch vollkommen illusionär. Kaum jemand konnte sich vorstellen, dass das martialische Bauwerk überhaupt jemals fallen würde, und Honecker

---

40 Information vom 3. Mai 1989, in: BStU, BV Potsdam, AKG 399, Teil 2, Bl. 722.

hatte erst kürzlich betont, dass es auch in 50 oder 100 Jahren noch stehen würde, wenn sich die Bedingungen nicht grundlegend änderten. Noch herrschte weitgehende Ruhe im Land, doch damit war es alsbald vorbei. Veränderungen kündigten sich an.

Ein erstes Anzeichen dafür waren die Kommunalwahlen vom 7. Mai 1989. Wahlen, die diesen Namen auch verdienten, hatte es in der DDR nie gegeben. Die Veranstaltungen waren eine reine Farce, die Ergebnisse legte die SED-Führung bereits im Vorfeld fest. Daher war auch niemand erstaunt, als die offiziellen Medien am Abend verkündeten, 98,85 Prozent der Stimmberechtigten hätten für die SED und ihre Verbündeten votiert. Damit wäre die Angelegenheit normalerweise erledigt gewesen, dieses Mal aber gab es ein Nachspiel. Denn Vertreter der oppositionellen Szene hatten an vielen Orten des Landes von ihrem Recht Gebrauch gemacht und die Stimmenauszählung beobachtet. Dadurch war erstmals nachweisbar, was ohnehin jeder wusste: Das Wahlergebnis war eine glatte Fälschung. Empörung machte sich breit, und es hagelte Beschwerden bei der Zentralen Wahlkommission. Die aber weigerte sich, die Beschwerden zu bearbeiten und vernichtete bereits Mitte Juni sämtliche Unterlagen. Das Signal war klar: Die alleinige Macht der SED war unantastbar und auch ansonsten würde es weitergehen wie bisher.

Etwa zur gleichen Zeit verbreitete sich ein Gerücht in der DDR: Ungarn habe seine Grenze zu Österreich geöffnet. Damit gäbe es erstmals seit 1961 eine Lücke im Eisernen Vorhang zwischen den Machtblöcken, durch die man in den Westen gelangen könne. Das stimmte so zwar nicht, war aber der Ausgangspunkt für eine Fluchtwelle, die in den kommenden Monaten einschneidende Wirkung haben sollte. Als Anfang Juni die Kommunistische Partei in China Proteste gegen die dortigen Verhältnisse blutig niederschlug und die SED-Führung das in Person von Egon Krenz auch noch ausdrücklich lobte, begannen die Dämme zu brechen. Ende des Monats hatten bereits mehrere tausend Ausreisewillige den »Arbeiter- und Bauernstaat« verlassen, um ihm endgültig den Rücken zuzukehren. Als die Sommerreisezeit anbrach, wurde aus dem Rinnsal eine Sturzflut. Jetzt kam alles zusammen: die jahrelang aufgestaute Unzufriedenheit, der Starrsinn der SED, die

vermeintliche Möglichkeit, in die Bundesrepublik gelangen zu können. Der innere Druck, der sich über einen langen Zeitraum hinweg aufgebaut hatte, fand ein Ventil.

Da der Weg in die Bundesrepublik auch zu diesem Zeitpunkt keineswegs so offen war, wie es viele annahmen, fand sich ein anderer Ausweg: die bundesdeutschen Botschaften in den Ostblockstaaten. Ob in Budapest, Prag oder Warschau: Sie wurden von frustrierten und zugleich wild entschlossenen DDR-Bürgern regelrecht geflutet. Die Menschen überkletter-

^ *Ein erstes Loch im Eisernen Vorhang. Am 19. August 1989 fliehen bei Sopron etwa 600 DDR-Bürger von Ungarn nach Österreich.*

ten die Zäune und weigerten sich einfach, wieder zu gehen. Um die damit einhergehenden diplomatischen Verwicklungen einzugrenzen, wurden etliche Botschaften im August offiziell geschlossen. Das aber konnte niemanden daran hindern, auch weiterhin die Zäune zu übersteigen. Die Lage nahm allmählich wahrhaft dramatische Züge an. Im Hochsommer, bei mehr als 30 Grad, lagerten tausende Frauen, Männer und Kinder unter freiem Himmel, in Zelten oder sonstigen Notunterkünften. Allein in Prag waren auf dem beengten Gelände der Botschaft bis Ende September mehr als 10 000 Ostdeutsche versammelt.

^ *Die bundesdeutsche Botschaft in Prag. Tausende Flüchtlinge haben alles hinter sich gelassen und blicken in eine ungewisse Zukunft.*

Die Bilder dieser Ereignisse gingen um die Welt. Den gesamten Sommer über delegitimierten sie die SED und das von ihr geschaffene System. Denn: Wie verzweifelt mussten Menschen sein, um sich so etwas anzutun? Daraus folgte notwendigerweise eine zweite Frage: Wie verheerend mussten eigentlich die Zustände in der DDR sein? Da die politische Führung des Landes keine Mittel fand, der unerwünschten Massenbewegung Einhalt zu gebieten, zog sie Ende September die Notbremse: Sie ließ die Flüchtenden in die Bundesrepublik ausreisen. Als deren Außenminister Hans-Dietrich Genscher das vom Gartenbalkon der Prager Botschaft verkündete, gingen seine Worte in frenetischem Jubel unter. Noch in der gleichen Nacht wurden die Botschaften in Prag und Warschau geräumt und die Besetzer mit Zügen in die Bundesrepublik gebracht.

Die SED-Spitze glaubte, die Situation damit wieder in den Griff zu bekommen. Doch sie hatte sich getäuscht. Schon wenige Tage später waren abermals tausende Menschen auf den Botschaftsgeländen versammelt. Immer mehr wollten raus aus dem »Arbeiter- und Bauernstaat« und immer starrsinniger reagierten dessen Machthaber. Zynisch ließen sie mit Bezug auf die Flüchtenden verkünden: »Sie alle haben durch ihr Verhalten die moralischen Werte mit Füßen getreten und sich selbst aus unserer Gesellschaft ausgegrenzt. Man sollte ihnen deshalb keine Träne nachweinen.«[41] Mit diesem Kommentar lie-

---

41 Neues Deutschland, 2. Oktober 1989, S. 2.

^ *Genscher: »Wir sind zu Ihnen gekommen, um Ihnen mitzuteilen, dass heute Ihre Ausreise…«. Was folgt, ist frenetischer Jubel.*

ßen Honecker und seine Spitzengenossen klar erkennen, dass sie nicht bereit sein würden, über eigene Fehler nachzudenken. Das bedeutete zwangsläufig auch, dass sich in der DDR auf absehbare Zeit nichts, aber auch gar nichts verändern würde. Die Bevölkerung war nicht länger bereit, das stillschweigend hinzunehmen. Der Unbeweglichkeit ihrer politischen Führung setzte sie eine rasch anwachsende Dynamik entgegen.

Bisher spielten sich die von der Weltöffentlichkeit gespannt verfolgten Ereignisse im Ausland ab. Mit ihren nächsten Entscheidungen sorgte die SED-Führung dafür, dass der revolutionäre Funke auf das eigene Territorium übersprang. Anfang Oktober ließ sie erneut Prager Botschaftsflüchtlinge in die Bundesrepublik ziehen und beharrte darauf, dass ihre Ausbürgerung über das Gebiet der DDR erfolgen müsse. Statt auf direktem Weg nahmen die Personenzüge daraufhin eine Route, die über das spätere Sachsen und Thüringen führte. Zeitgleich ließ die Parteiführung die Grenzen zur Tschechoslowakei schließen. Nun saßen die DDR-Bürger in einem rundum abgeriegelten Land – und die Züge aus Prag erscheinen plötzlich als letzter Ausweg. Entlang ihrer Fahrstrecke spielten sich gespenstische Szenen ab, als immer wieder Menschen versuchten, in die Waggons zu gelangen. Rund um den Dresdner Hauptbahnhof kam es zu bürgerkriegsähnlichen Szenen, Autos brannten. So etwas hatte es nie zuvor gegeben. Es offenbarte, wie entschlossen die Menschen inzwischen waren, etwas an der für sie unakzeptablen Lage zu ändern. Und es zeigte, dass die Machthaber weiterhin nicht über Veränderungen nachdachten. Die Widersprüche spitzten sich zu.

Inzwischen hatte sich auch innerhalb der DDR einiges getan; insbesondere begann die zivilgesellschaftliche Opposition sich zu organisieren. Nach der Kommunalwahl vom Mai hatte die Staatssicherheit geschätzt, dass es landesweit etwa 160 oppositionelle Gruppierungen gäbe, nun begannen diese, sich effektiv zu vernetzen und eigene Strukturen zu schaffen. Dabei zahlte sich aus, dass die meisten Protagonisten sich seit Jahren kannten und überwiegend vertrauten. Ein wahres Gründungsfieber erfasste die DDR. Die Bürgerbewegung »Demokratie Jetzt« (DJ), der »Demokratische Aufbruch« (DA) und die »Sozialdemokratische Partei in der DDR« (SDP) – sie alle konstituierten sich im Frühherbst 1989 und attackierten die

Alleinherrschaft der SED. Neben diesen Organisationen, die sich nach und nach landesweit etablierten, erlangte das Neue Forum (NF) eine herausragende Stellung. Wie keine andere Institution wurde es zum Sprachrohr der frustrierten Bevölkerung. Das Neue Forum wollte ausdrücklich keine Partei sein, sondern eine breite politische Sammlungsbewegung. Den Gründungsaufruf unter dem Titel »Die Zeit ist reif – Aufbruch 89« unterschrieben bis zum Jahresende 200 000 Menschen. Darin war von einer notwendigen Umgestaltung der DDR die Rede, nicht jedoch von ihrer Abschaffung.

Schon am 4. Oktober – zu einem Zeitpunkt, da noch nicht einmal alle beteiligten Gruppierungen offiziell gegründet waren – trat in Berlin erstmals eine so genannte Kontaktgruppe der Opposition zusammen. Sie sollte koordinierende Funktionen übernehmen, damit sich die einzelnen Beteiligten nicht sofort in der Auseinandersetzung mit der SED zerrieben. Bereits in ihrer ersten Sitzung verabschiedete die Kontaktgruppe eine gemeinsame Erklärung, in der unter anderem die Verwirklichung der Menschenrechte und demokratische Wahlen gefordert wurden. Damit stellte sie das politische und gesellschaftliche System der DDR insgesamt infrage, denn beide Forderungen waren mit der SED-Diktatur grundsätzlich nicht vereinbar. Ausnahmsweise sehr realistisch schätzten die Machthaber Ende September die inzwischen entstandene Situation ein: »Wir müssen konsequent bei der Beurteilung der

^ *Ab dem Frühherbst 1989 kommt es zu einer Gründungswelle oppositioneller Vereinigungen. Hier Anfang September das Neue Forum.*

Lage davon ausgehen, daß das Vorgehen der äußeren und inneren Feinde eine neue Qualität erreicht hat.«[42]

Bis Anfang Oktober 1989 hatte sich einiges getan in der DDR. Neben die Fluchtwelle war das institutionelle Gründungsfieber getreten, doch die oppositionellen Initiativen waren offiziell noch immer illegal. Trotz des enormen Zuspruchs handelte es sich im Gesamtmaßstab zudem weiterhin um eine Minderheitenerscheinung. Auch war es keineswegs so, dass diese Initiativen die Macht der SED insgesamt oder gar den Sozialismus in der DDR infrage stellten. Zumeist war die behutsame Veränderung der bestehenden Verhältnisse durch Reformen das Ziel, nicht der revolutionäre Sturz des Systems. Dann aber wendete sich innerhalb weniger Tage das Blatt.

Dass die SED-Führung und der hinter ihr stehende Sicherheitsapparat bisher (mit Ausnahme von Dresden) weitgehende Zurückhaltung geübt hatten, war vor allem einem Umstand geschuldet: Am 7. Oktober standen die Feierlichkeiten zum 40. Jahrestag der DDR-Gründung an. Hochrangige Gäste aus zahlreichen Ländern wurden erwartet und nichts sollte die festliche Stimmung trüben. Gorbatschow, der ebenfalls anreiste, warnte davor, dass das Leben jene bestrafen würde, die zu spät kämen. Das schien nur eine der üblichen Platitüden des täglichen Politikbetriebes zu sein, doch sehr schnell wurde viel

---

42 Protokoll vom 26. September 1989 anlässlich der Dienstkonferenz bei Generaloberst Mittig, in: BStU, BV Potsdam, AKG 617, Bl. 164.

^ *Berlin, 7. Oktober 1989. Die Proteste haben die Hauptstadt erreicht. Die Menschen artikulieren laut und deutlich ihren Unmut.*

mehr daraus. Während Partei- und Staatsführung sich im Ost-Berliner Palast der Republik selbst feierten und Honecker dabei betonte, dass der Sozialismus auf deutschem Boden unerschütterlich sei, braute sich auf den Straßen Ärger zusammen.

Auf dem zentralen Alexanderplatz versammelten sich seit der Wahl vom Mai an jedem siebten Tag eines jeden Monats ein paar Unermüdliche, um an den Betrug zu erinnern. So auch am 7. Oktober. Als die Staatssicherheit mit der üblichen Rücksichtslosigkeit einschreiten wollte, regte sich rundum Widerspruch. Zeitgleich fand auf dem Platz ein Volksfest statt und dessen Besucher begehrten nun in Teilen ebenfalls auf. Der Mut der Wenigen traf auf die bisher stille Masse der Unzufriedenen, und daraus entwickelte sich eine folgenreiche Dynamik. Es formierte sich ein Protestzug zum nicht weit entfernten Palast der Republik, der auf mehrere tausend Personen anwuchs und energisch die Demokratisierung der DDR einforderte. Nachdem es den Sicherheitskräften später gelungen war, die Demonstranten aus dem Stadtzentrum zu verdrängen, schlugen sie brutal zu. Frauen, Männer, Jugendliche wurden eingekesselt, mit Schlagstöcken und von Wasserwerfern malträtiert und verhaftet. Es konnte buchstäblich jeden treffen, es herrschte vollkommene Willkür, jegliche Gesetzlichkeit verlor ihre Bedeutung. Ähnliche Szenen wiederholten sich in der folgenden Nacht. Unter den veränderten Rahmenbedingungen manövrierte sich die SED damit gegenüber ihrem Volk unwideruflich ins Aus.

∧ *Partei- und Staatsspitze verweigern jedes Gespräch. Sie feiern*
  ihr Regime und setzen die Sicherheitskräfte brutal ein.

Ähnliche Szenen spielten sich an diesem Abend in zahlreichen anderen Orten der DDR ab, vom mecklenburgischen Rostock bis zum sächsischen Plauen. Selbst in kleinen Gemeinden protestierten Einwohner nun gegen die erstarrte Monopolpartei. Im sächsischen Großröhrsdorf beispielsweise forderten nach einer Tanzveranstaltung etwa 50 Jugendliche energisch Veränderungen und skandierten: »Wir wollen raus!« Auch hier griff die Staatsmacht entschlossen durch: 43 Demonstranten wurden verhaftet.

Insgesamt war mit dem 7. Oktober etwas in Bewegung geraten, das sich fortan nicht mehr stoppen ließ: Die Menschen eroberten die Straße und sprachen der Diktatur die weitere Existenzberechtigung ab; erste Deutschlandfahnen waren zu sehen. Die bange Frage lautete nun, was zwei Tage später in Leipzig passieren würde. Dort fanden seit einiger Zeit Montagsdemonstrationen statt, die sich immer entschiedener gegen die bestehenden Verhältnisse wandten. Am 9. Oktober war es wieder so weit. Den ganzen Tag gab es Gerüchte über anrollende Panzer und bereitstehende Blutkonserven. Nach den Ereignissen von Berlin lag es durchaus im Bereich des Möglichen, dass es in Leipzig zur blutigen Eskalation kommen würde. Tatsächlich wurden etwa 8000 Sicherheitskräfte in die Stadt verlegt, doch der Befehl zu ihrem Einsatz blieb aus. Unter dem Eindruck der vorangegangenen Tage hatten

^ *Plauen im Vogtland, 7. Oktober 1989. Wasserwerfer kommen rüde zum Einsatz. Die Demonstranten entgegnen: »Wir kommen wieder!«*

die DDR-Bürger endgültig ihre Zurückhaltung abgelegt und strömten nach Leipzig. Mehr als 70 000 Menschen füllten die Straßen und griffen die inzwischen bekannten Losungen auf: »Keine Gewalt!«, »Wir sind das Volk!«. Der scheinbar allmächtige Sicherheitsapparat musste vor der schieren Menge kapitulieren und der Abend verlief friedlich. Damit war noch keine endgültige Entscheidung gefallen, doch die Botschaft, die von Leipzig ausging, war unmissverständlich: Die so lange Stillen und Resignierten würden nicht länger schweigen, die SED-Führung wurde jetzt endgültig zur Getriebenen, die ihrem eigenen Ende entgegenschlitterte. Jahrzehntelang hatte sie sich als oberste Interessenvertreterin des Volkes geriert, jetzt zeigte ihr das Volk, was es inzwischen davon hielt: nichts.

Das dämmerte endlich auch dem inneren Kreis der Macht. Was folgte, war eine halbherzige Palastrevolte am 17. Oktober, die zwar Honecker aus seinen Ämtern fegte, ansonsten aber nur wenig änderte. Wochen zuvor hätte dieser Schritt unter Umständen reinigende Wirkung haben können, jetzt wurde er auf den Straßen nur noch belächelt. Das galt insbesondere, weil ausgerechnet Egon Krenz zum Nachfolger erkoren wurde. Der langjährige Kronprinz hatte als Vorsitzender der zentralen Wahlkommission den Betrug vom Mai zu verantworten und die chinesischen Genossen für ihr blutiges Vorgehen im Juni

∧ *Am 16. Oktober 1989 kommen in Leipzig bereits 120 000 Menschen zur Montagsdemonstration. Das Volk erobert endgültig die Straße.*

ausdrücklich gelobt. Er stand voll und ganz für das alte System und sollte nun das Symbol eines Neuanfangs sein. Dieser absurde Machtwechsel befeuerte die Demonstrationen auf den Straßen noch einmal; ihre Zahl nahm spürbar zu.

Am 4. November kam es schließlich zur größten Demonstration in der Geschichte der DDR überhaupt. Im Zentrum Ost-Berlins, vor allem auf dem Alexanderplatz, versammelten sich mehrere hunderttausend Menschen und gaben ihr Befinden offen preis. Redner der SED wurden gnadenlos ausgepfif-

^ *Ende Oktober verstärken sich die Demonstrationen in der gesamten DDR explosionsartig. Leipzig und Berlin bleiben die Zentren.*

fen, Vorschläge der oppositionellen Bürgerbewegung begeistert aufgenommen. Auf einem Meer von Plakaten forderten viele Anwesende energisch eine grundlegende Veränderung der politischen Verhältnisse. Die Veranstaltung wurde zeitweise live im DDR-Fernsehen übertragen (was wenige Wochen zuvor unvorstellbar gewesen wäre) und sorgte für einen weiteren landesweiten Mobilisierungsschub. Dann wirbelte ein Ereignis von Weltrang die weiteren Abläufe gänzlich durcheinander.

Information vom Verband der Theaterschaffenden

Demonstration

gegen Gewalt und fuer verfassungsmaessige Rechte

(Demonstration ist offiziell angemeldet)

Zeit: **4.11.89**   **10 Uhr**

Treffpunkt: **ADN-Gebaeude**

(Mollstrasse/Prenzlauer Allee)

Plakate sind erwuenscht

---

^ *Noch sind die Demonstrationen alle illegal, doch das ändert sich am 4. November 1989 in Berlin. Die Resonanz ist gewaltig.*

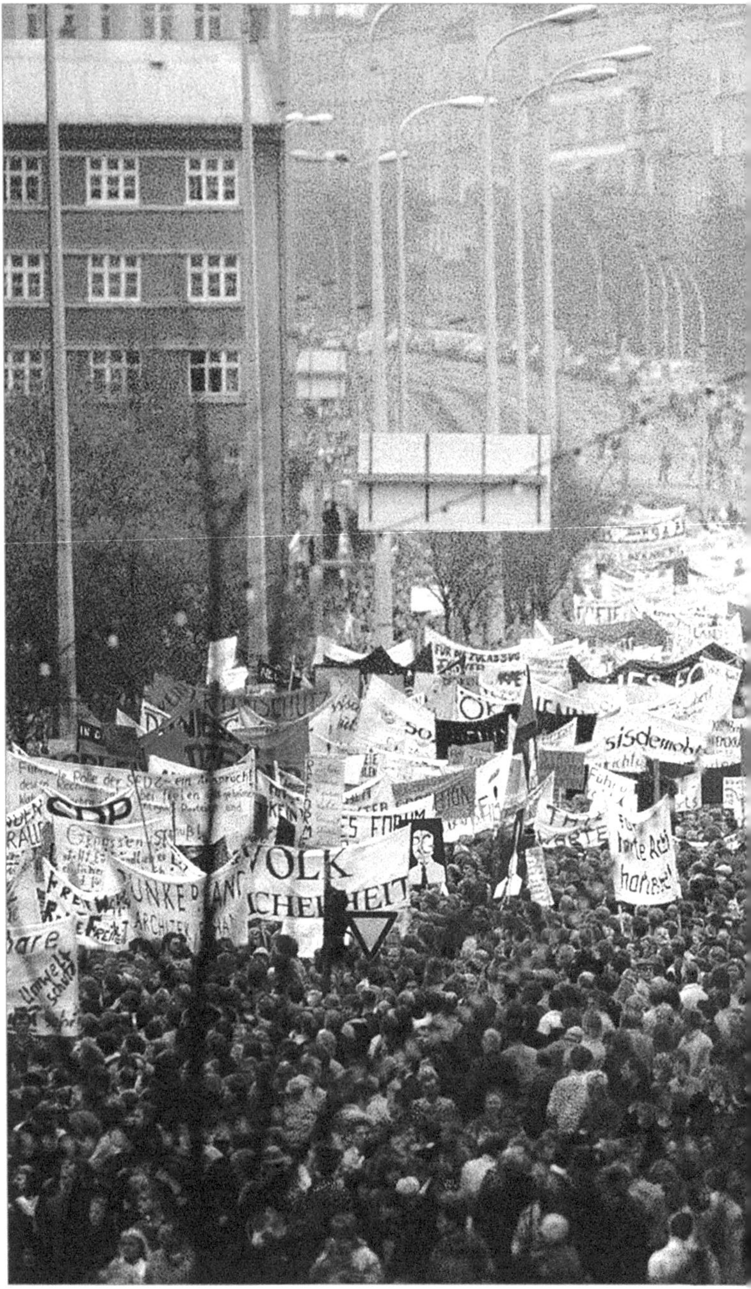
VOLK

^ *Von Künstlern offiziell angemeldet, unter dem steigenden Druck von der SED genehmigt, versammeln sich Abertausende zum Protest.*

^ *Die gesamte Innenstadt ist ein Menschenmeer, die Erwartungen
sind groß. Die Stimmung ist angespannt und aufgeräumt zugleich.*

^ *Ost-Berlin, 4. November 1989. Szenen einer Demonstration.*

DER MAUERFALL

A m 9. November 1989 schrieb Walter Kempowski, Schriftsteller mit deutsch-deutscher Biographie, erstaunt in sein Tagebuch: »Die Mauer könnte also fallen.«[43] Das bisher Unvorstellbare rückte nahe; dass es schließlich passierte, wie es passierte, war wiederum dem mangelhaften Krisenmanagement der SED-Führung zu verdanken.

Der 9. November war ein herbstlich-kühler Donnerstag. Seit einigen Tagen war die Grenze zur Tschechoslowakei wieder offen – und die Menschen verließen in Strömen die DDR. Zwar hatte sich die SED inzwischen zur Notwendigkeit von Veränderungen bekannt, doch konnte man das glauben? Viel zu lange hatte die Partei Versprechungen abgegeben, die dann nicht realisiert wurden. Außerdem war in den letzten Monaten zwar viel geschehen, prinzipiell aber hatte die SED noch alle Machtinstrumente in den Händen. Die alten Strukturen wankten spürbar, doch konnte ihre neuerliche Stabilisierung nicht gänzlich ausgeschlossen werden. Also verließen die Bewohner weiterhin ihr Land.

Um nicht gänzlich auszubluten, mussten die Machthaber eine Lösung für dieses Problem finden. Sie versprachen eine Reiseregelung, die es DDR-Bürgern endlich wieder ermöglichen würde, ein Land ihrer Wahl zu besuchen. Als ein entsprechender Entwurf am 5. November veröffentlicht wurde, rief er vor allem eines hervor: Empörung. Prinzipiell sollte es ab sofort möglich sein zu reisen, doch erst nach Antragstellung

---

43 Walter Kempowski, Alkor. Tagebuch 1989, München 2003, S. 500.

und Genehmigung durch die SED-Administration. Dieses obrigkeitsstaatliche Verfahren war ganz auf der alten Parteilinie, die Menschen hingegen wollten sich nicht mehr von einem undurchsichtigen Apparat vorschreiben lassen, wann sie wohin aufbrechen durften. Außerdem begrenzte der Entwurf die mögliche Reisezeit und er sagte nichts darüber, woher die notwendigen Devisen kommen sollten. Mit der Mark der DDR, das war klar, würde niemand weit kommen.

Nachdem am 7. November unter dem wachsenden Druck die langjährige Regierung zurückgetreten war, versuchte die SED-Führung mithilfe einer groß inszenierten Zusammenkunft Dynamik zu demonstrieren und das Heft des Handelns wieder in die Hand zu bekommen. Am 8. November trat das Zentralkomitee der Partei zusammen. Um Offenheit zu demonstrieren und die gefassten Beschlüsse möglichst schnell bekanntgeben zu können, wurde für die Abende der Tagung, jeweils um 18:00 Uhr, eine Pressekonferenz anberaumt, inklusive einer Live-Übertragung im Fernsehen der DDR. Am ersten Tag trat mit dem SED-Politbüro auch noch das allerhöchste Machtgremium geschlossen zurück, das sorgte für große Aufmerksamkeit. Den ganzen folgenden Tag wurde vor und hinter den Kulissen der ZK-Tagung an den Details der neuen Reiseregelung gefeilt. Am Nachmittag lag das Papier vor und wurde den anwesenden Genossen von Krenz vorgetragen. An-

^ *9. November 1989, abends. Günter Schabowski auf dem Weg zur Pressekonferenz. Noch ahnt niemand, was gleich geschehen wird.*

schließend erhielt es der wenige Tage zuvor zum Regierungs-
sprecher ernannte Günter Schabowski, um damit vor die versammelte Weltpresse zu treten.

Die neuen Vorschläge zielten vor allem darauf ab, den auf
der DDR lastenden Druck zu vermindern. Allen Bürgern der
DDR sollte es ab dem 10. November möglich sein, ohne Vor-
liegen besonderer Gründe zu reisen. Allerdings müssten die
Reisen nach wie vor beantragt werden. Die zuständigen Poli-
zeistellen erhielten noch vor der öffentlichen Bekanntgabe Informationen darüber, um sich auf den Ansturm vorbereiten zu
können, der für den folgenden Morgen erwartet wurde.

Schabowski hatte die einstündige Pressekonferenz fast absolviert, als ein italienischer Journalist nach dem neuen Reise-
gesetz fragte. Der offensichtlich überforderte Sprecher las den
vorbereiteten Text stockend ab, verhedderte sich dabei und
strahlte alles andere als Souveränität aus. Den Journalisten
hingegen war sehr schnell bewusst, dass hier eine Sensation
passierte. Nach über 28 Jahren ließ die DDR wieder halbwegs
freien Verkehr ihrer Bürger über die bisher tödliche Grenze zu.
Zu diesem Zeitpunkt, kurz vor 19 Uhr, konnte sich niemand
vorstellen, was noch in der Nacht passieren würde, denn die
Maßnahmen sollten ja erst am folgenden Tag greifen. Doch
Schabowskis Antwort auf zwei Nachfragen brachten den Stein
ins Rollen, der schließlich schon in den nächsten Stunden
zum Mauerfall führen würde. Zum einen bestätigte er, dass
alle getroffenen Regelungen nicht nur auf die innerdeutsche

∧ *Schließlich stammelt Schabowski die entscheidenden Worte:*
»Das tritt nach meiner Kenntnis, ist das sofort, unverzüglich.«

Grenze bezogen seien, sondern auch auf das geteilte Berlin. Zum anderen, und über die Beweggründe wird bis heute diskutiert, hebelte er die vorgesehene Frist aus. Gefragt, ab wann das denn alles gelte, antwortete er mit jenen Worten, die in die Geschichte eingehen sollten: »sofort, unverzüglich«.

Die Pressekonferenz war live übertragen worden, die Journalisten befanden sich in heller Aufregung, doch auf den Straßen Ost-Berlins passierte zunächst nichts. Nachdem aber die westdeutschen Abendnachrichten berichteten, dass die Grenze nun (mehr oder weniger) offen sei, begannen die ersten Neugierigen eben dorthin zu strömen. Im Verlauf der Nachtstunden wurden es immer mehr. Insbesondere an der Übergangsstelle Bornholmer Straße, zwischen den dicht besiedelten Stadtbezirken Prenzlauer Berg (Ost) und Wedding (West) versammelte sich eine immer größere Menschenmenge. Die Menge berief sich auf Schabowski sowie die Nachrichten und verlangte den freien Zutritt zu West-Berlin, der ihr zunächst verweigert wurde. Denn unter den Wachen herrschte größte Verunsicherung. Weder hatten sie irgendwelche Informationen zu dem Vorgang erhalten, noch gelang es ihnen, von übergeordneter Stelle eindeutige Befehle zu bekommen. Versuche, die Situation dadurch zu entspannten, dass einzelne Personen über die Grenze gelassen – und dabei stillschweigend ausgebürgert – wurden, führten zum gegenteiligen Ergebnis. Nun

^ *Die Nacht, in der die Bornholmer Straße Weltruhm erlangt. Hier öffnet sich die Mauer am 9. November zuerst; das ist unumkehrbar.*

drängten die Zurückgebliebenen um so energischer nach. Gegen 23:30 Uhr blieb keine andere Wahl mehr: Auf eigenen Entschluss hin öffneten die Grenzer die Tore und gaben den Weg frei. Bis Mitternacht vollzog sich an allen anderen innerstädtischen Übergängen der gleiche Prozess. Was vor wenigen Wochen noch völlig illusorisch erschien, war plötzlich Realität: die Mauer hatte Löcher bekommen und die Menschen konn-

^ *Die Menschen strömen gen Westen, die Mauer ist gefallen.*
Und schnell etabliert sich eine neue Spezies: der »Mauerspecht«.

ten sie weitgehend unbehindert passieren. Niemand konnte sagen, was genau daraus folgen würde. Die Rahmenbedingungen allerdings, so viel war klar, hatten sich mit dieser Nacht fundamental verändert.

^ *Am Brandenburger Tor, das 28 Jahre lang Symbol der Teilung war, stürmen die Menschen die Mauerkrone und feiern ausgelassen.*

^ *Ohne Worte.*

^ *Tatsächlich wird sich der Mauerfall als Beginn einer Ketten-*
reaktion erweisen, auch wenn längst nicht alle Mauern fallen.

^ *Auch an der innerdeutschen Grenze entstehen in den folgenden*
Wochen zahllose Übergänge, die rege genutzt werden. Wie hier

zwischen Ellrich (Thüringen) und Walkenried (Niedersachsen) ist
die Euphorie über die unerwarteten Veränderungen allseits spürbar.

3. OKTOBER 1990
DEUTSCHE
EINHEIT

EIN LAND IN AUFLÖSUNG

Am 10. November 1989 überquerte nach internen Angaben mehr als eine halbe Million Menschen die Grenze von Ost- nach West-Berlin. Bis zum folgenden Tag stellten die zuständigen Stellen allein in der Hauptstadt des »Arbeiter- und Bauernstaates« über 600 000 Visa aus, die diesen Schritt ermöglichten. Tatsächlich aber konnte keiner genau sagen, welchen Umfang die Völkerwanderung angenommen hatte. Längst war der Überblick verloren, es herrschten fröhliches Chaos und eine enorme Euphorie. Die Menschen lagen sich im wahrsten Sinne des Wortes in den Armen. Kaum jemand hatte es trotz der immensen Wandlungen der Vormonate für möglich erachtet, dass sich die Mauer in absehbarer Zeit öffnen würde. Doch das war geschehen. Alles schien nun möglich.

^ *10. November 1989. Die Lage ist noch unklar. Daher versuchen viele DDR-Bürger, ein Visum für die Bundesrepublik zu bekommen.*

Immer mehr Beteiligten dämmerte, dass fundamentale Veränderungen bevorstanden. Die Kontaktgruppe der Opposition trat daher bereits am Tag nach dem Mauerfall mit einem zweckmäßigen Vorschlag an die Öffentlichkeit: Ein Zentraler Runder Tisch sollte eingerichtet werden. An ihm könnten Vertreter der SED und der neuen Gruppierungen die wichtigsten Probleme diskutieren und einer Lösung zuführen. Da die bisherigen Strukturen dazu offensichtlich nicht mehr

taugten, war dies eine Möglichkeit, für eine gewisse Zeit Stabilität zu erzeugen.

Die SED-Führung lehnte den Vorschlag brüsk ab, da der Aufruf der Kontaktgruppe zwei Ziele des Rundes Tisches definierte, die aus Sicht der Machthaber schlicht unakzeptabel waren: eine Verfassungsreform und freie Wahlen. Nach über vier Jahrzehnten Alleinherrschaft war es für die Spitzenfunktionäre um Krenz ganz und gar unvorstellbar, sich dem zu beugen. Das

^ *Zur gleichen Zeit schaffen die Menschen am Brandenburger Tor Fakten. Die Weltpresse ist elektrisiert und berichtet live.*

Land war in Bewegung, nur sie verharrten in alten Mustern und glaubten noch immer, die Lage im Griff zu haben. Doch in den folgenden Wochen zeigte sich nur allzu deutlich, dass dies keineswegs der Fall war. Exemplarisch dafür stand der Auftritt eines Mannes, der seit vielen Jahren die menschenverachtende Seite der DDR verkörperte: Erich Mielke. Als Minister für Staatssicherheit verantwortete er Überwachung, Unterdrückung und Rechtlosigkeit im »Arbeiter- und Bauernstaat«. Auf seine Anweisung hin wurden Lebensläufe und Karrieren gebrochen; zu keinem Zeitpunkt scheute er sich, Gegner der SED-Diktatur (oder Menschen, die er dafür hielt) mit allen zur Verfügung stehenden Mitteln zu bekämpfen. Ausgerechnet er trat am 13. November 1989 vor die Volkskammer, versuchte die Lage zu entspannen und so die Weichen in Richtung Zukunft zu stellen. Der Auftritt geriet zum Desaster. Was davon blieb, war das Bild eines stammelnden Greises, der offenbar jenseits aller Realität lebte und als Legitimation für sein Handeln ausgerechnet die Liebe zu allen Menschen anführte: »Ich liebe, ich liebe doch alle. (Lachen) Ich liebe doch, ich setze mich doch dafür ein. ... Glaubt mir! Glaubt mir!«[44]

Für sein Ministerium hatte die Darbietung verheerende Folgen. Spätestens seit Anfang November mehrten sich auf den Straßen die Forderungen nach einer Auflösung der Staats-

---

44 Zitiert nach: Deutschland Archiv. Zeitschrift für Fragen der DDR und der Deutschlandpolitik, Nr. 1/1990, S. 121.

^ *Ein Auftritt mit Folgen. Mielke als zuständiger Minister nach Jahrzehnten wieder vor der Volkskammer. Der Eindruck: verheerend.*

Mit *Fantasie* gegen Stasi und Nasi

Aktionskundgebung:
15. Januar um 17 Uhr

Das Neue Forum Berlin ruft für den 15. Januar 1990 um 17.00 Uhr zur Aktionskundgebung vor dem Stasi-Gebäude Ruschestraße auf.

Wir fordern:

Sofortige Schließung aller Stasi-Einrichtungen
Hausverbot für alle Stasi-Mitarbeiter
Einleitung von Ermittlungsverfahren gegen das MfS
Offenlegung der Befehlsstrukturen zwischen SED und Stasi
Stasi in die Volkswirtschaft
Keine Sonderzahlungen und Privilegien für ehemalige
Stasi-Mitarbeiter
Keine Bildung von neuen Geheimdiensten

Schreibt Eure Forderungen an die Mauern der Normannenstraße!
Bringt Farbe und Spraydosen mit!
Wir schließen die Tore der Stasi!
Bringt Kalk und Mauersteine mit!

Mit *Fantasie* und ohne Gewalt

sicherheit, nun war auch ihr elitäres Selbstverständnis schwer erschüttert. Weder der Rückzug Mielkes von allen politischen Ämtern noch der Versuch, plötzlich Offenheit zu suggerieren, änderten etwas an der immer lauter werdenden Forderung: »Stasi in die Produktion!«. Vorläufig traute sich niemand, den bisher scheinbar allmächtigen Geheimdienst direkt zu konfrontieren, doch auch das änderte sich bald. Mielke hatte Anfang November umfangreiche Aktenvernichtungen in seinen Diensteinheiten angeordnet. Um Spuren zu verwischen,

^ *Ein Aufruf mit Folgen. Das Neue Forum appelliert an die Bevölkerung, das schändliche Wirken des MfS nicht länger zu dulden.*

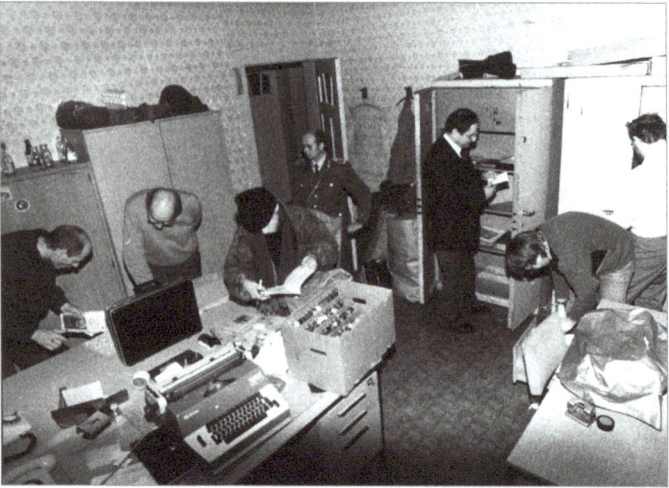

rauchten die Schornsteine seitdem ununterbrochen, die Reißwölfe liefen heiß. Genau das brachte das Fass zum Überlaufen: Ab dem 4. Dezember 1989 besetzten aufgebrachte Bürger
überall im Land Objekte der Staatssicherheit, um so die Aktenvernichtung zu stoppen. Das war bis zu diesem Zeitpunkt
vollkommen unvorstellbar, erfolgte ganz ohne Blutvergießen
und zeigte, wie sehr sich die Gegebenheiten bereits verändert
hatten. Die SED unternahm zwar mehrere Versuche, ihr langjähriges Machtinstrument zu retten, doch hatte sie damit keinen Erfolg. Schließlich konnte ihr das auch ganz recht sein,
denn die Wut der Bevölkerung auf das MfS lenkte von der eigentlich Verantwortlichen für die umfassende Repression ab:
von der SED selbst.

Die Auseinandersetzungen um die Staatssicherheit zogen
sich lange hin und wurden erbittert geführt. Einen Höhepunkt
stellte der 15. Januar 1990 dar. An jenem Tag besetzten Demonstranten die Zentrale des Geheimdienstes im Berliner
Stadtteil Lichtenberg; damit war ihm der Kopf genommen,
eine Fortsetzung der Arbeit unmöglich. Wer ansonsten noch
alles in dem damit verbundenen Gewirr mitmischte – sei es
das MfS selbst, westliche Geheimdienste oder sonstige finstere
Gesellen –, darüber wird bis heute leidenschaftlich gestritten.
Es dauerte noch einige Monate, letztlich bis zum Juni 1990,
dann war die Staatssicherheit Vergangenheit. Im Zuge ihrer

^ *Der Anfang vom Ende. Am 4. Dezember 1989 besetzen Bürgerrechtler in Erfurt die Bezirksverwaltung der Staatssicherheit.*

Auflösung wurden Fehler gemacht, wie etwa die Vernichtung elektronischer Datenträger, doch insgesamt muss der Prozess als Erfolg gewertet werden. Ein Apparat mit fast 90 000 hauptamtlichen Mitarbeitern, der noch ein Jahr zuvor als absolut unantastbar galt, war unblutig niedergerungen worden. Ähnliches hatte es nie zuvor gegeben.

Die SED kämpfte im Dezember 1989 längst um ihr eigenes Überleben. Zwar besetzte sie formal nach wie vor alle wichtigen Posten, doch die Bevölkerung hatte sich bedrohlich von ihr abgewandt und erhob immer radikalere Forderungen. Der Ruf nach Reformen hatte sich in eine revolutionäre Massenbewegung gewandelt. Die Demonstrationen rissen nicht ab, hunderttausende Menschen waren inzwischen daran beteiligt und ließen sich nicht länger drangsalieren. Die Forderungen nach einer Vereinigung beider deutschen Staaten wurden immer lauter.

Je mehr sich die oppositionellen Vereinigungen Öffentlichkeit erkämpften, um so mehr litt der Ruf der SED. Denn nun kamen jene Dinge zur Sprache, die durch das jahrzehntelange Meinungs- und Informationsmonopol der Partei unterdrückt worden waren: rechtswidriges Handeln der politisch Verantwortlichen, Korruption, Willkür. Das trieb Teile der eigenen Mitgliedschaft zur Rebellion; sie verweigerten die in Jahrzehnten eingeübte, widerspruchslose Gefolgschaft. Zudem gingen

^ *Am 15. Januar 1990 wird die Zentrale des Geheimdienstes besetzt. Die schwierige Auflösung des MfS schreitet jetzt zügig voran.*

die langjährigen Erfüllungsgehilfen der SED, die Blockpartei-
en und Massenorganisationen, zunehmend auf Distanz. Auch
sie fürchteten inzwischen um ihre eigene Existenz. Und noch
immer verließen die DDR-Bürger zu Tausenden den Staat.
Solange es nicht tiefgreifende und unumkehrbare Reformen
gab, würde sich daran nichts ändern. Bloßen Versprechungen
traute niemand mehr. Das Land blutete aus, die Strukturen
zerfielen.

Unter diesen Voraussetzungen änderte die SED-Führung
ihre Strategie. Die alte Garde der Partei war bis Anfang Dezember vollständig ihrer Posten enthoben, einige Tage später
musste auch Krenz seinen Hut nehmen. Mit großen Hoffnungen war er angetreten, schon wenige Wochen später war davon nichts mehr geblieben. Der neue Hoffnungsträger hieß
nun Hans Modrow und unter seiner Führung wollten sich die
Partei und der von ihr faktisch noch immer beherrschte Staat
ein modernes, weltoffenes Erscheinungsbild geben. Als Signal
dafür wurde am 1. Dezember 1989 der in der Verfassung fest-
geschriebene Führungsanspruch der SED gestrichen. Und: Die
Machthaber erklärten sich nun doch bereit, an einem Zentralen
Runden Tisch mitzuwirken. Am 7. Dezember 1989 trat er daraufhin erstmals in Ost-Berlin zusammen. Mit Vertretern alter
und neuer Parteien sowie weiterer Institutionen gleichberech-
tigt besetzt, wurde er fortan zum Brennpunkt der politischen
Auseinandersetzungen. Seine endlosen Sitzungen wurden live

^ *Am 7. Dezember 1989 tagt erstmals der Zentrale Runde Tisch. Die
alte Macht versucht zu taktieren und den Wandel auszubremsen.*

im Fernsehen übertragen, die Bevölkerung fieberte mit. Wie nicht anders zu erwarten, verliefen die Zusammenkünfte äußerst kontrovers. Die SED klammerte sich an ihre Macht, die zivilgesellschaftlichen Gegenkräfte kämpften dagegen an und betonten zugleich die Verantwortung der Partei für den maroden Zustand der DDR. In insgesamt 16 Sitzungen regelte der Runde Tisch bis Mitte März 1990 unzählige Angelegenheiten, moderierte Konflikte und legte Gesetzentwürfe vor, darunter auch den Entwurf eines Wahlgesetzes (nicht jedoch, wie oft behauptet, einen Verfassungsentwurf für eine reformierte DDR). Die Volkskammer verabschiedete das Wahlgesetz, das damit zur Grundlage für die Wahlen zur nächsten Volkskammer wurde. Deren Termin wurde schließlich auf den 18. März 1990 festgelegt. Es würden die ersten freien Wahlen im »Arbeiter- und Bauernstaat« sein.

^ *Mit den live übertragenen Sitzungen hat die Opposition ein Forum erzwungen, das auch die Verantwortung der SED klar benennt.*

»WIR SIND EIN VOLK!«

Unser Land steckt in einer tiefen Krise. Wie wir bisher gelebt haben, können und wollen wir nicht mehr leben.«
Mit diesen Sätzen beginnt ein Aufruf, der am 28. November
1989 auf einer Pressekonferenz in Ost-Berlin der Öffentlichkeit
vorgestellt wurde. Unterzeichnet war er von 31 zumeist prominenten Vertretern aus Kunst, Kultur und Politik. Unter der
Überschrift »Für unser Land« fragte der Aufruf danach, wie
es in der rebellierenden DDR weitergehen solle. Entweder, so
wurde gesagt, könne man die Eigenständigkeit des Staates bewahren und »eine solidarische Gemeinschaft« entwickeln, »in
der Frieden und soziale Gerechtigkeit, Freiheit des einzelnen,
Freizügigkeit aller und die Bewahrung der Umwelt gewährleistet sind.« Oder man müsse »dulden«, dass, initiiert durch
»einflussreiche Kreise aus Politik und Wirtschaft in der Bundesrepublik«, »ein Ausverkauf unserer materiellen und moralischen Werte beginnt und über kurz oder lang die Deutsche
Demokratische Republik durch die Bundesrepublik Deutschland vereinnahmt wird.«[45] Energisch sprachen sich die Unter-
zeichnenden, die in nicht unerheblichen Teilen dem oppositionellen Spektrum zuzurechnen waren, für die erste Variante
aus: Die DDR müsse fortbestehen.

Der Aufruf offenbart das Dilemma, in dem die revolutionäre Entwicklung mittlerweile steckte. Entstanden war sie als
massenhafte Ausreisebewegung, sie war von den oppositionellen Gruppen politisiert worden und suchte nun nach einem

---

45 Neues Deutschland, 29. November 1989, S. 2.

Ziel. Der weitere Weg war heftig umstritten und wies spätestens seit dem Mauerfall in zwei Richtungen: Erhalt der DDR oder Vereinigung der beiden deutschen Staaten. Im Nachhinein muss die Vorstellung, man könne im »Arbeiter- und Bauernstaat« eine solidarische Gemeinschaft voller Frieden und Gerechtigkeit aufbauen, hochgradig naiv erscheinen. Tatsächlich aber war sie der Ausdruck einer Suche, die unter hohem Zeitdruck geschah und an einem Defizit an Hintergrundinformationen litt. Denn welche »materiellen und moralischen Werte« sollten die Grundlage für eine eigenständige Entwicklung bilden? Das Land war nach über 40 Jahren SED-Herrschaft materiell und moralisch bankrott.

Gleichwohl sind revolutionäre Situationen auch immer eine Zeit für utopische Ideen und es fanden sich zahlreiche Menschen, die jetzt die Zeit für gekommen hielten, Träume zu realisieren. Die Betreffenden waren zumeist in der DDR aufgewachsen und hegten eine diffuse Ablehnung gegenüber marktwirtschaftlichen Mechanismen. Schnell war eine Debatte über einen »Dritten Weg« zwischen Sozialismus und Kapitalismus entbrannt – doch wie der aussehen sollte, wusste niemand so recht zu sagen. Und wie er funktionieren sollte, noch sehr viel weniger.

Ohnehin war das die Debatte einer Minderheit. Die Mehrheit begann nach dem Mauerfall schnell, sich in eine andere Richtung zu orientieren. Was sich zuvor vereinzelt angedeutet hatte, war spätestens Ende November 1989 eine öffentlich wahrnehmbare Interessenslage: Auf immer mehr Demonstra-

^ *Im Ringen um den weiteren Weg formieren sich auch die Gegner einer schnellen Einheit. Mehrheitsfähig sind sie freilich nicht.*

tionen wurde die Vereinigung der beiden deutschen Staaten gefordert. Bereits vor Monaten war in Großwudicke (»jetzt reißen wir die Mauer ein«) zu sehen gewesen, dass es für derartige Gedanken einen Nährboden gab, jetzt brachen allmählich die Dämme. Damit waren von Anbeginn auch Ängste vor den Herausforderungen der Zukunft verbunden. Die jahrzehntelange Propaganda gegen die Bundesrepublik, die von der SED weiterhin bedient wurde, hatte hier ihre Spuren hinterlassen. Hinzu kamen sehr reale Gefährdungen, da immer erkennbarer wurde, wie wenig konkurrenzfähig die eigene Wirtschaft war. So drohte eine hohe Arbeitslosigkeit. Daran aber war nicht die Bundesrepublik schuld, das hatten die Machthaber der DDR zu verantworten.

Mittlerweile erkannte auch die politische Elite der Bundesrepublik, welche Möglichkeiten sich plötzlich eröffneten. Zwar hatte das Wiedervereinigungsgebot dort stets gegolten; dass das dahinter stehende Szenario aber in absehbarer Zeit Realität

^ *Leipzig, 11. Dezember 1989. Die Stimmung hat sich wahrnehmbar gedreht. Nun geht es um die staatliche Wiedervereinigung.*

werden würde, daran glaubte spätestens seit dem Besuch Honeckers in Bonn kaum noch jemand. Akzeptable Pläne für den
Ernstfall existierten nicht, eine Zeit der Improvisation brach an.

Am entschlossensten agierte Bundeskanzler Kohl. Am 28.
November – parallel zur Veröffentlichung des Aufrufes »Für
unser Land« – präsentierte er einen Zehn-Punkte-Plan, der
auf eine staatliche Vereinigung hinauslief. Allerdings ging der
Kanzler zu diesem Zeitpunkt noch davon aus, dass bis dahin
zehn Jahre vergehen würden; die meisten seiner Mitmenschen
dürften selbst das für optimistisch gehalten haben. Dann aber
überschlugen sich die Ereignisse. Anfang Dezember erklärten
Michael Gorbatschow und der amerikanische Präsident George
Bush senior den Kalten Krieg zwischen den Machtblöcken für
beendet. Das entspannte die weltpolitische Lage und eröffnete
neue Handlungsoptionen. Die Besetzungen der MfS-Dienst-
stellen begannen, der Zentrale Runde Tisch tagte und immer
mehr Missstände aus 40 Jahren »Diktatur des Proletariats«
traten zutage. Zugleich schien sich die SED wieder zu stabilisieren, indem sie auf einem Sonderparteitag im Dezember ihr
Führungspersonal austauschte und sich einen neuen Anstrich
gab: Fortan hieß sie SED-PDS (Partei des Demokratischen
Sozialismus). Die gesamtwirtschaftliche Lage aber wurde beständig schwieriger und die Menschen verließen weiterhin in
Scharen das Land. Was fehlte, waren klare Perspektiven.

^ *Dresden, 19. Dezember 1989. Als gewiefter Politiker hat Kanzler*
Kohl die Zeichen der Zeit erkannt und handelt entsprechend.

Wohin es gehen würde, zeigte sich am 19. Dezember 1989 in Dresden. Auch nach diesem Tag war keineswegs alternativlos festgeschrieben, welchen Pfaden fortan zu folgen sei. Doch aus der sächsischen Metropole kamen Bilder von hoher symbolischer Kraft, die die weiteren Prozesse massiv beschleunigten. Bundeskanzler Kohl reiste an, um sich mit dem amtierenden Ministerpräsidenten Modrow zu treffen. Die Dresdener bereiteten ihm einen euphorischen Empfang. Schwarz-rotgoldene Fahnen (ohne das DDR-Emblem) bestimmten das Straßenbild, fortwährend ertönten Rufe wie »Deutschland, Deutschland« und: »Wir sind ein Volk!«. Kohl, der sich 1990 Wahlen stellen musste, begriff als Machtpolitiker sehr schnell, welche Chancen sich für ihn aus einer vergleichsweise schnellen Vereinigung beider deutschen Staaten ergeben könnten. Zugleich zeigte er sich emotional tief bewegt. Es würden noch viele, zum Teil höchst komplizierte Probleme zu lösen sein, doch das Ziel seines politischen Handelns war spätestens jetzt unmissverständlich definiert: Wiedervereinigung.

Wie sehr er damit dem Mehrheitswillen der DDR-Bevölkerung entsprach, zeigte die Wahl am 18. März 1990. In ihrem Vorfeld kam es zu einer wahren Gründungswelle von Parteien und Vereinigungen, die jetzt fast durchgängig die deutsche Einheit in ihrem Programm hatten. Selbst die PDS erkannte dieses Ziel nach Rücksprache mit Moskau an, ging aber von einem langfristigen und mehrstufigen Verfahren aus. Noch vor der Wahl fielen einige Grundsatzentscheidungen, die ebenfalls in Richtung Einheit wiesen. Beide deutsche Staaten vereinbarten Mitte Februar die Einsetzung einer gemeinsamen Expertenkommission, die eine deutsch-deutsche Währungsunion ebenso vorbereiten sollte wie eine Wirtschaftsgemeinschaft. Trotz etlicher Vorbehalte erklärten sich im gleichen Monat die Alliierten des Zweiten Weltkrieges bereit, in »Zwei-plus-Vier-Verhandlungen« (der vier Siegermächte plus der zwei deutschen Staaten) über außenpolitische Aspekte des Einigungsprozesses zu reden. Ohne ihre Zustimmung, das war klar, würde es keine Wiedervereinigung geben.

Alles Handeln stand zu diesem Zeitpunkt allerdings unter einem Vorbehalt: Die DDR verfügte nicht über eine demokratisch legitimierte Staatsführung. Anfang Februar war eine »Regierung der nationalen Verantwortung« berufen worden, der

auch acht Minister ohne Geschäftsbereich aus den Reihen der Bürgerbewegung angehörten. Das war sensationell und wenige Monate zuvor noch völlig undenkbar gewesen, doch auch diesem Kabinett fehlte die Legitimation durch freie Wahlen. Also lief vorerst alles auf den 18. März zu.

^ *Wahlkampf für den 18. März 1990. Mahnende Stimmen verhallen, die Befürworter der schnellen staatlichen Einheit triumphieren.*

Der zunehmend intensive Wahlkampf beschleunigte Veränderungen, die bereits seit einiger Zeit zu beobachten waren. Die Kräfteverhältnisse verschoben sich: weg von den wenig hierarchischen, dezentral organisierten und oftmals spontan handelnden Bürgerbewegungen, hin zu Parteien nach dem Vorbild parlamentarischer Demokratie. Das verschaffte all jenen

Organisationen Vorteile, die entweder Unterstützung aus der Bundesrepublik erhielten oder auf gewachsene Strukturen zurückgreifen konnten (wie etwa die bisherigen Blockparteien).

Der Ausgang der Wahl spiegelte das erkennbar wider. Entgegen aller Vorhersagen ging mit knapp 22 Prozent der Stimmen nicht die Sozialdemokratische Partei als Siegerin hervor,

∧ *Erfurt, März 1990. Willy Brandt, Ikone der SPD, auf Wahlkampftour. 1970 hatte er hier den DDR-Ministerpräsidenten getroffen.*

sondern die konservative »Allianz für Deutschland«. Ihr gehörten neben der alten Blockpartei CDU die beiden Neugrün-
dungen Demokratischer Aufbruch und Deutsche Soziale Union an. Das Wahlbündnis war unter dem Slogan »Freiheit und
Wohlstand – nie wieder Sozialismus« angetreten, hatte massive
Unterstützung der bundesdeutschen CDU erfahren und warb
für eine schnelle Vereinigung der beiden deutschen Staaten.
Dass die Allianz fast 50 Prozent der abgegebenen Stimmen auf
sich vereinigen konnte, war ein unmissverständliches Zeichen
in eben jene Richtung. Das »Bündnis 90« hingegen, das drei
der wichtigsten Impulsgeber für die Friedliche Revolution ver-
einigte, darunter auch das Neue Forum, errang kaum drei Prozent der Stimmen. Selbst die in die PDS gewandelte SED war
weit erfolgreicher: Auf sie entfielen 16 Prozent der Stimmen.

Mit dem richtungsweisenden Wahlausgang war auch eine
weitere Frage entschieden. Bis dahin wurde intensiv diskutiert,
wie eine staatliche Vereinigung denn erfolgen solle. Rechtlich
gab es dafür zwei Möglichkeiten: den Beitritt der DDR zum
Geltungsbereich des bundesdeutschen Grundgesetzes oder die
Ausarbeitung einer neuen, gemeinsamen Verfassung. Die »Allianz für Deutschland« hatte sich für die erste Variante stark gemacht und offensichtlich wünschte das auch die Mehrheit der
Wahlberechtigten. Die Weichen waren damit gestellt. Die Frage war nicht mehr ob und wie, sondern nur noch wie schnell
die staatliche Einheit kommen würde.

^ *Die frühere Blockpartei CDU sucht ihren eigenen Weg in die Zu-*
kunft. Sie wird der eigentliche Sieger der Volkskammerwahl sein.

DER WEG ZUR
DEUTSCHEN EINHEIT

Nach schwierigen Verhandlungen konstituierte sich Mitte April 1990 eine große Koalition, der neben der »Allianz für Deutschland« auch Sozialdemokraten und Liberale angehörten. Die Regierung stand somit auf einer breiten Basis, was für die anstehenden Aufgaben höchst sinnvoll erschien. Neben dem alltäglichen Politikbetrieb hatte das Kabinett eine einzige Aufgabe umzusetzen: die schnelle Wiedervereinigung. Das war komplizierter, als es sich ohnehin schon anhörte. Denn nun musste ein ganzes Land, das über vierzig Jahre hinweg eine eigene Entwicklung durchlebt hatte, dessen Strukturen, politische Kultur und gesellschaftliche Prägung sich fundamental von denen der Bundesrepublik unterschieden, auf eine staatliche Verschmelzung vorbereitet werden. Die Debatten, wie genau das erfolgen sollte, zogen sich weiter hin und wurden mit großer Leidenschaft geführt. Faktisch aber war die Entscheidung mit der Wahl gefallen, und das gab die nächsten Schritte vor. Wollte die DDR dem Geltungsbereich des bundesdeutschen Grundgesetzes beitreten, musste sie sich in allen Bereichen so weit wie möglich dem anderen deutschen Staat annähern – und das innerhalb kürzester Zeit. Denn weiterhin wanderten tausende Einwohner in den Westen ab, Stabilität ließ sich nur durch zeitnahe Grundsatzentscheidungen erzeugen.

Der erste wesentliche Schritt in diese Richtung war ein Staatsvertrag über die Währungs-, Wirtschafts- und Sozialunion. Als er am 1. Juli 1990 in Kraft trat, übernahm die DDR in großem Umfang die ökonomische und rechtliche Ordnung der Bundesrepublik. Für die Bevölkerung bedeutete das vor

allem, dass die D-Mark offizielles Zahlungsmittel wurde. Das forderten weite Teile der Öffentlichkeit seit Monaten, nun war es Realität. Vor den Banken bildeten sich lange Schlangen, als die Menschen daran gingen, ihre Konten von der ost- auf die westdeutsche Währung umzustellen. In Abhängigkeit vom Lebensalter konnten Privatpersonen bis zu 6000 Ostmark zum Kurs von 1:1 umtauschen, höhere Beträge zum Kurs von 2:1. Gehälter, Renten, Mieten und andere regelmäßige Zahlungen unterlagen ebenfalls dem Kurs 1:1. Mit der neuen Währung füllten sich schlagartig die Geschäfte mit westlichen Produkten; einheimische Erzeugnisse sollten es in den kommenden Jahren schwer haben. Die Menschen erfüllten sich lange gehegte Wünsche, und es war die Zeit beginnenden, oftmals wilden Unternehmertums. Autohändler wurden zum Markenzeichen an ostdeutschen Straßen, Imbissbuden schossen aus dem Boden und so mancher suchte in halbseidenen Geschäften sein schnelles finanzielles Glück.

Dieses auf Konsum orientierte Handeln resultierte aus dem Mangel und den Engpässen der vorangegangenen Jahrzehnte und war damit ein berechtigtes Unterfangen. Doch nicht alle DDR-Bürger teilten es. So wurden erneut Stimmen laut, die vor einem Ausverkauf der DDR warnten, die Werte des Sozialismus priesen und mit Abscheu auf das scheinbar enthemmte Volk schauten, auf jenes Volk, das die Friedliche Revolution überhaupt erst möglich gemacht hatte. Wie in derartigen Übergangsphasen üblich, mischten sich Freude und Ableh-

^ *Im Vorfeld der Währungsunion leeren sich die Geschäfte der DDR und werden mit begehrten Waren aus der Bundesrepublik bestückt.*

nung, Aktionismus und Lethargie und viele andere Aspekte. Während sich die einen begeistert in das neue Leben stürzten, warnten andere davor. So schrieb im März 1990 ein besorgter Bundesbürger aus Nordrhein-Westfalen an das Neue Forum und erteilte den Ostdeutschen einen ernst gemeinten Rat. Es sollte

> »wenigstens versucht werden, daß sich ein Teil der DDR der nächsten Katastrophe entzieht, eigenständig bleibt und eine bessere eigenständige Entwicklung einleitet … Da nicht alle DDR-Bürger der Eingliederung in die Bundesrepublik vorbehaltlos zustimmen, sollte ein diesem Bevölkerungsteil entsprechender östlicher Teil der DDR ein eigenes Staatsgebilde werden«.[46]

Daraus wurde nichts, die staatliche Vereinigung schritt weiter zügig voran. Mit dem 1. Juli 1990 erfolgte eine nochmalige Annäherung zwischen den beiden Staaten, die bisher üblichen Grenzkontrollen wurden gleich ganz eingestellt. Bereits zuvor hatte die Volkskammer das sogenannte Treuhandgesetz ver-

---

46 Schreiben vom 15. März 1990, in: Tina Krone (Hg.), »Sie haben so lange das Sagen, wie wir es dulden«. Briefe an das Neue Forum, September 1989–März 1990, Berlin 1999, S. 379f.

^ *Die D-Mark kommt. Am 1. Juli 1990 erfüllt sich eine zentrale Forderung der Bevölkerung. Doch es gibt auch bange Erwartungen.*

abschiedet, das die Umwandlung der ostdeutschen Wirtschaft nach den Regeln der Marktwirtschaft festlegte, was vor allem Privatisierung bedeutete.

Dem ersten Staatsvertrag folgte ein zweiter, der sogenannte Einigungsvertrag. Am 31. August 1990 unterzeichnet, setzte er die ostdeutschen Rechtsnormen endgültig außer Kraft, schrieb aber auch Änderungen des Grundgesetzes fest. Der Vertrag sah für das Gebiet der DDR die Bildung von Bundesländern (statt der seit 1952 existierenden Bezirke) vor, legte Maßnahmen für die öffentliche Verwaltung fest, regelte Vermögens- und Schuldenfragen und vieles andere

^ *Nach der Währungsunion schießen Reisebüros aus dem Boden.*
Das Interesse der DDR-Bürger an fremden Ländern ist riesengroß.

269 — DER WEG ZUR DEUTSCHEN EINHEIT

mehr. Gesamt-Berlin wurde darin als Bundesland sowie als deutsche Hauptstadt definiert. Über den Sitz von Parlament und Regierung sollte allerdings erst zu einem späteren Zeitpunkt entschieden werden. Und: Der Vertrag nannte mit dem 3. Oktober 1990 den Zeitpunkt der staatlichen Vereinigung. Ab sofort sollte der 3. Oktober als Tag der Deutschen Einheit alljährlich gesetzlicher Feiertag sein.

Zwei zentrale Streitpunkte hatte es im Zusammenhang mit dem Einigungsvertrag gegeben, die zu höchst emotionalen Debatten und Verzögerungen führten. In ihnen manifestierten sich Unterschiede zwischen Ost und West, die in der allumfassenden Euphorie nur zu leicht übersehen bzw. unterschätzt wurden: die Frage nach einer möglichen Fristenregelung bei Schwangerschaftsabbrüchen und nach dem weiteren Umgang mit den Unterlagen der Staatssicherheit. Doch auch dafür wurden kurzfristig tragfähige Lösungen gefunden. Mit der Zustimmung beider Parlamente – wobei es auf beiden Seiten Gegenstimmen gab – erlangte der Einigungsvertag Gültigkeit, weitere Hürden waren damit genommen.

Die deutsche Einheit wurde nur möglich, weil zuvor die Siegermächte des Zweiten Weltkrieges in den komplizierten »Zwei-plus-Vier-Verhandlungen« ihre Bereitschaft signalisiert hatten, dem Gang der Ereignisse zuzustimmen. Aus historischen Gründen hegten insbesondere Großbritannien und Frankreich Vorbehalte, und die Sowjetunion fürchtete ein Schwinden ihres Einflusses in Mitteleuropa. Während die

∧ *Ost-Berlin, 31. August 1990. Wolfgang Schäuble, Lothar de Maizière und Günther Krause. Der Einigungsvertrag ist unterzeichnet.*

Bedenken der Westeuropäer vergleichsweise einfach zu zerstreuen waren, gestalteten sich die Verhandlungen mit der Sowjetunion schwierig. Zum Kristallisationspunkt der Debatten wurde die militärische Bündniszugehörigkeit des vereinten Deutschlands. Schließlich stimmte Gorbatschow, der in seiner Heimat unter schwerem politischen Druck stand, gegen Kompromisse und umfangreiche materielle Zugeständnisse zu, dass Deutschland künftig selbst über die Bündniszugehörigkeit bestimmen könne. Jedem war klar, was das in der Praxis bedeutete: Das vereinte Land würde Mitglied der westlichen Verteidigungsgemeinschaft, der NATO, werden und die Sowjetunion ihre Truppen von deutschem Boden zurückziehen. Dass beide deutsche Staaten zuvor die Oder-Neiße-Grenze zu Polen endgültig anerkannt hatten, erleichterte diesen Kompromiss. Mit der am 12. September 1990 in Moskau erfolgten Unterzeichnung des »Vertrages über die abschließende Regelung in Bezug auf Deutschland«, der die Souveränität des vereinten Landes festschrieb, war der Weg endgültig frei.

Und dann kam er, der Tag der deutschen Einheit. Noch im Jahr zuvor waren in der ersten Oktoberwoche Feierlichkeiten zu Ehren der DDR inszeniert und absolviert worden. Seitdem aber hatte sich Weltgeschichte in Hochgeschwindigkeit vollzogen, nun wurde das Land zu Grabe getragen. Die Gefühle dabei waren durchaus gemischt. Es gab jene, die den Schritt aus

^ *Verhandlungen zwischen den deutschen Staaten und den Alliierten des Weltkrieges in Bonn. Hier fallen essentielle Entscheidungen.*

politischen Gründen ablehnten. Es gab jene, die schlicht Angst vor den Unwägbarkeiten der Zukunft hatten. Es gab jene, die den optimistischen Vorhersagen von blühenden Landschaften im Osten Deutschlands misstrauten. Es gab jene, deren gesamtes Leben sich in der DDR abgespielt hatte und die sich nichts anderes vorstellen mochten. Es gab viele andere mehr, die aus

∧ *Vom Heilsversprechen auf den Müllhaufen der Geschichte.*
Die SED-Diktatur scheitert schließlich auf der ganzen Linie.

unterschiedlichsten Gründen nicht in den allgemeinen Jubel einstimmen wollten: in Ost und West.

Jubel aber war es. Denn trotz der zunehmenden Bedenken zeigte sich die Mehrheit der Bevölkerung zutiefst befriedigt über die staatliche Einheit und brachte das auch zum Ausdruck. Die Farbenkombination schwarz-rot-gold dominierte den öffentlichen Raum, private und offizielle Feiern gab es überall im Land. Schon am 2. Oktober folgte ein Festakt dem nächsten, die Volkskammer stellte ihre Arbeit ein, die beiden Ständigen Vertretungen in Berlin und Bonn wurden geschlos-

^ *Am 3. Oktober 1990 vollzieht sich die staatliche Einheit. Die Stellungnahmen dazu reichen von Protest bis zu Festgottesdiensten.*

^ Der „Arbeiter- und Bauernstaat", eine deutsche Möglichkeit?
Nach fast vierzig Jahren beantwortet sich diese Frage von selbst.

sen, der Besatzungsstatus Berlins endete. Vor dem Reichstag
fand mit dem »Fest der Einheit« die zentrale Kundgebung statt,
an der mehrere hunderttausend Menschen teilnahmen, darunter auch eine kleine Gruppe protestierender Einheitsgegner.
Um Mitternacht des 3. Oktober 1990 war die deutsche Einheit
vollzogen. Die DDR, der selbst ernannte »Arbeiter- und Bauernstaat« auf deutschem Boden, gehörte der Geschichte an.

^ *2./3. Oktober 1990. Zentrale Einheitsfeier vor dem Berliner Reichstag.*

EPILOG

DIE DDR AM ENDE

Die DDR war ein Kind des Zweiten Weltkrieges. Als sie im Oktober 1949 schließlich gegründet wurde, waren bereits zahlreiche Weichenstellungen vorgenommen und der künftige Weg vorgezeichnet. Taktgeber dafür war die Sowjetunion, und sie sollte bis fast zum Ende des »Arbeiter- und Bauernstaates« dessen imperiales Zentrum bleiben. Als sie sich von dieser Rolle verabschiedete, verschwand auch die DDR.

Von Anbeginn spielten Repression und Gewalt eine wichtige Rolle bei der Errichtung und Aufrechterhaltung der SED-Diktatur. Menschen ließen ihr Leben, verschwanden in Speziallagern oder in Gefängnissen. Jede Form abweichenden Verhaltens wurde rigoros verfolgt, sobald dies angeraten erschien. Insofern war die DDR ein Unrechtsstaat, dem es stets an einklagbaren Grundrechten fehlte. Die Partei, die SED, entschied nicht nur über das Wohl und Wehe des gesamten Staatswesens, sondern im Bedarfsfall auch über das Fortkommen eines jeden Einzelnen. Prominente wie Wolf Biermann konnten davon ebenso getroffen werden wie »ganz normale« Arbeiter und Bauern. Das unterdrückte eigenständiges Denken ebenso wie kreatives Handeln – und damit zentrale Voraussetzungen für eine dynamische, zukunftsorientierte Entwicklung. Offizieller Leitstern war und blieb die Ideologie, der Marxismus-Leninismus. An seine Anforderungen wurde die Realität fortlaufend angepasst, nur durch ihn gefiltert nahmen die Machthaber diese Realität überhaupt wahr. Das verstellte den Blick für die wirklichen Gegebenheiten und verhinderte schließlich jegliche Strategien, die das eigene Herrschaftssystem hätten stabilisieren können.

Doch Repression und Gewalt sind nur eine Seite der Medaille. Indem die SED bestehende Strukturen zerstörte, gewachsene Traditionen zerriss und tatsächliche wie vermeintliche Gegner energisch verfolgte, schuf sie zugleich Platz für Neues: Dekonstruktion und Rekonstruktion waren eng miteinander verflochten. Das eröffnete Möglichkeiten für all jene, die genötigt oder bereit waren, die geforderten Anpassungsleistungen zu erbringen und damit aktiv oder passiv an der Diktatur mitzuwirken. Die SED-Führung verstand es zwischenzeitlich durchaus, Anreize zu setzen und Aufbruchsstimmung zu erzeugen. Das verschaffte ihr Anhänger, die aus Überzeugung, Opportunismus oder anderen, oftmals sehr persönlichen Gründen dem vorgegebenen Kurs folgten. Jener Neubauer, der im Anschluss an den Weltkrieg ein Stück Land erhielt und erst damit sein Überleben sicherte, hatte durchaus Anlass zur Dankbarkeit. Jenes Arbeiterkind, dem bisher Karrierechancen verwehrt wurden, durfte in der SED mit einigem Recht positive Aspekte entdecken. Und jene Alleinerziehende, die von staatlichen Wohltaten wie Kindergärten und Hausarbeitstagen profitierte, rebellierte nur höchst selten gegen die bestehenden Verhältnisse.

Damit aber offenbart sich zugleich die eigentliche Bedeutung derartiger Maßnahmen: Sie waren vor allem Herrschaftsstrategien. Durch ideologisch vorgegebene Umverteilung sollte in der Bevölkerung Loyalität erzeugt werden und mit ihr staatliche Stabilität. Geriet diese Loyalität ins Wanken, griff der Machtapparat entschieden durch. Das war nach dem Volksaufstand von 1953 der Fall, ebenso nach dem Mauerbau von 1961 und bei der Ausbürgerung Biermanns mit all ihren Folgen. Gewalt allein aber erzeugt keine Loyalität, daher folgten auf derartige Phasen stets Momente der Entspannung, in der die SED wieder auf »ihr« Volk zuging, auf allzu platte Propaganda verzichtete, materielle Verbesserungen ankündigte und optimistische Zukunftsvisionen entwarf. Wellenartig zog sich der Wechsel aus Repression und Kooperation durch die Geschichte der DDR und bis zur Mitte der 1970er Jahre vermochte er es tatsächlich, bei einem erheblichen Teil der Bevölkerung zumindest inaktives Abwarten zu erzeugen.

Dann aber war der Schwung erlahmt. Sehr schnell erwies sich nun, dass die angenommene Loyalität (inzwischen) etwas ganz anderes war: Lethargie. Zu oft hatte die Partei Versprechen abgegeben und sie nicht erfüllt. Zu oft hatte sie auf die Zukunft verwiesen, ohne die Gegenwart akzeptabel zu gestalten. Viele Menschen hatten irgendwann die Hoffnung verloren, dass sich ihr Leben im »Arbeiter- und Bauernstaat« wie gewünscht entwickeln würde; und es wurden immer mehr. Hinzu kam das deutlich wahrnehmbare Phänomen, dass es im anderen deutschen Staat sehr viel besser lief. Auch das untergrub die Position der SED nachhaltig.

Als das letzte Jahrzehnt der DDR anbrach, fuhr das Land längst auf Verschleiß. Schlimmer noch: Die Machthaber hatten sich endgültig im Status quo eingerichtet. Kreative Köpfe wurden weiterhin unterdrückt und der Alltag gestaltete sich in der grassierenden Mangelwirtschaft immer schwieriger. »Die Leute brauchen billiges Brot, eine trockene Wohnung und Arbeit. Solange diese drei Dinge stimmen, kann dem Sozialismus nichts passieren.«[47] Diese Einschätzung Honeckers hatte grundsätzlichen Charakter – und sie war grundsätzlich falsch. Denn in einer zunehmend modernen Welt reichten derartige, letztlich vormoderne Auffassungen nicht aus, um Stabilität zu erzeugen. In rasant wachsendem Ausmaß zeigte sich, dass es das Regime eben nicht geschafft hatte, verlässliche Bindungskräfte zur eigenen Bevölkerung aufzubauen. Der Umstand, dass nahezu jeder Einwohner über Blockparteien, Massenorganisationen und andere Einrichtungen in das System eingebunden war, simulierte lediglich eine Verbundenheit, die es in der Realität gar nicht gab. Selbst unter Parteifunktionären war die Loyalität oftmals nur noch vorgetäuscht, die öffentlichen Bekenntnisse zum »Arbeiter- und Bauernstaat« mehr Karrierestrategie als innere Überzeugung. Die sozialistische Utopie war tot, nur hatte es noch keiner gemerkt.

Ein letztes Mal keimte Hoffnung auf, als ausgerechnet aus Moskau Signale der Entspannung kamen. Michail Gorbatschows vorsichtige Reformversuche wurden auch in der DDR interessiert verfolgt, stießen bei Honecker und seinen Spitzengenossen aber auf entschiedene Ablehnung. Spätestens damit war klar, dass sich auf absehbare Zeit nichts, aber auch gar nichts ändern würde an den zunehmend frustrierenden Zuständen im »Arbeiter- und Bauernstaat«. Genau das wurde zum Kernproblem, wie regionale Funktionäre immer häufiger

---

47 Zitiert nach: Steiner, Von Plan zu Plan, S. 216.

nach Ost-Berlin meldeten: »Wir finden keine Argumente, das unseren Kollegen zu erklären. Wie soll das weitergehen?«[48]

Die Antwort auf diese Frage blieben die Machthaber bis zum Schluss schuldig. Daher bedurfte es schließlich nur noch weniger Impulse, um das inzwischen weitgehend sinnentleerte, unterhöhlte und deprimierende Gebilde DDR aus dem Weltgeschehen zu katapultieren; diese Impulse traten im Frühsommer des Jahres 1989 in Erscheinung. Die unabhängige Kontrolle der Kommunalwahlen aktivierte oppositionelle Kräfte und die aufkeimende Fluchtwelle (genauer: jene Bilder, die davon in die DDR zurückstrahlten) immer größere Teile der Bevölkerung.

»Wir sagen gewöhnlich, die Masse der Menschen sei unreif; aber dieser Zustand bessert sich nur deshalb so langsam, weil die ›Wenigen‹ nicht wesentlich besser oder klüger sind als die ›Vielen‹«[49], schrieb der US-amerikanische Schriftsteller Henry David Thoreau in der Mitte des 19. Jahrhunderts. Jetzt kam beides zusammen. Die Wenigen und die Vielen hatten sämtliche Illusionen verloren und begannen zu handeln. Ihr Wechselspiel mündete schnell in jene Dynamik, der die SED nichts entgegenzusetzen wusste. Innerhalb eines Jahres geschahen daraufhin Dinge, die zuvor als absolut undenkbar galten. Der Mauerfall und die deutsch-deutsche Wiedervereinigung sind dabei nur die offensichtlichsten Prozesse; die Demokratisierung einer Diktatur, die erfolgreiche Abwicklung eines Geheimdienstes und das hohe Maß an Bereitschaft der meisten Beteiligten, sich auf die unwägbaren Herausforderungen einzulassen, müssen an dieser Stelle ebenfalls Erwähnung finden.

Letztlich ist die DDR an nicht eingelösten Versprechen zugrunde gegangen. Ihre Bewohner wollten sich nicht länger auf ein undefiniertes, wirklichkeitsfremdes Morgen vertrösten lassen. Was nach dem Kriegsende für manchen hoffnungsfroh begann, hatte schließlich jeden Reiz verloren. So lange die SED die Illusion aufrechterhalten konnte, dass sie Herr der Lage sei und halbwegs nachvollziehbare Ideen für die Zukunft habe, so lange durfte sie auf Anhänger hoffen. Es waren systemimmanente Fehler, die dies immer schwieriger machten und zuletzt ganz verhinderten. Eine Partei, die Individualität unterdrückt, tumbes Mitläufertum

---

48 Schreiben des Parteivorstandes der DBD vom 20. Oktober 1986, in: BArch, DY 30/1867, Bl. 61.
49 Henry David Thoreau, Über die Pflicht zum Ungehorsam gegen den Staat, Zürich 1996, S. 27.

Als Souvenir
ein Stück
Zeitgeschichte

hingegen belohnt, die meint, über jede Kleinigkeit bestimmen zu können und dabei auch noch stets Recht zu haben, ist kaum in der Lage, auf neue Herausforderungen effektiv zu reagieren. Eine Partei, die all ihren Entscheidungen realitätsferne, allein ideologisch fundierte Überlegungen zugrunde legt, muss schließlich ins Abseits geraten. Und wenn eine solche Partei sich berufen fühlt, ein ganzes Land diktatorisch zu regieren, sind die Optionen auf die Zukunft notwendigerweise begrenzt. Spätestens dann, wenn der Souverän, das Volk, sich entschlossen dagegen wendet oder gar eine (friedliche) Revolution entfacht, wankt die Macht. Oder sie fällt. Wie das 1989/90 in und mit der DDR geschah.

^ *Ohne Worte.*

ANHANG

ABKÜRZUNGS-
VERZEICHNIS

ABV	Abschnittsbevollmächtigter
AKG	Auswertungs- und Kontrollgruppe
BArch	Bundesarchiv
Bd.	Band
Bl.	Blatt
BRD	Bundesrepublik Deutschland
BStU	Bundesbeauftragter für die Stasi-Unterlagen
BV	Bezirksverwaltung des MfS
CDU	Christlich-Demokratische Union
DBD	Demokratische Bauernpartei Deutschlands
DDR	Deutsche Demokratische Republik
DFD	Demokratischer Frauenbund Deutschlands
DWK	Deutsche Wirtschaftskommission
FDGB	Freier Deutscher Gewerkschaftsbund
FDJ	Freie Deutsche Jugend
GST	Gesellschaft für Sport und Technik
Hg.	Herausgeber
KPD	Kommunistische Partei Deutschlands
KPdSU	Kommunistische Partei der Sowjetunion
KSZE	Konferenz für Sicherheit und Zusammenarbeit in Europa
LDP	Liberal-Demokratische Partei
LPG	Landwirtschaftliche Produktionsgenossenschaft
MfS	Ministerium für Staatssicherheit
NATO	North Atlantic Treaty Organization
NDPD	Nationaldemokratische Partei Deutschlands
NÖS	Neues Ökonomisches System der Planung und Leitung der Volkswirtschaft

NVA	Nationale Volksarmee
o. D.	ohne Datum
PDS	Partei des Demokratischen Sozialismus
RHG	Robert-Havemann-Gesellschaft e. V.
S.	Seite
SAPMO	Stiftung Archiv der Parteien und Massenorganisationen der ehemaligen DDR
SBZ	Sowjetische Besatzungszone Deutschlands
SED	Sozialistische Einheitspartei Deutschlands
SKK	Sowjetische Kontrollkommission
SMAD	Sowjetische Militäradministration in Deutschland
SPD	Sozialdemokratische Partei Deutschlands
u. a.	unter anderem
UdSSR	Union der Sozialistischen Sowjetrepubliken
UNESCO	Organisation für Bildung, Wissenschaft und Kultur der UNO
UNO	Vereinte Nationen
USA	Vereinigte Staaten von Amerika
VEB	Volkseigener Betrieb
vgl.	vergleiche
WHO	Weltgesundheitsorganisation
z. B.	zum Beispiel

LITERATUR
UND QUELLEN

ABBILDUNGSNACHWEIS

WEITERFÜHRENDE LITERATUR UND QUELLEN

Jens Gieseke, Die Stasi 1945–1990, München 2011.

Anna Kaminsky (Hg.), Orte des Erinnerns. Gedenkzeichen, Gedenkstätten und Museen zur Diktatur in SBZ und DDR, Berlin 2007.

Ilko-Sascha Kowalczuk, Endspiel. Die Revolution von 1989 in der DDR, München 2009.

Ulrich Mählert, Kleine Geschichte der DDR, München 2009.

Andreas Malycha/Peter Jochen Winters, Die SED. Geschichte einer deutschen Partei, München 2009.

Helmut Müller-Enbergs u. a. (Hg.), Wer war wer in der DDR? Ein Lexikon ostdeutscher Biographien, 2 Bde., Berlin 2010.

Ehrhart Neubert, Geschichte der Opposition in der DDR 1949–1990, Berlin 1997.

Jens Schöne, Das sozialistische Dorf. Bodenreform und Kollektivierung in der Sowjetzone und DDR, Leipzig 2011.

Klaus Schroeder, Der SED-Staat. Geschichte und Strukturen der DDR 1949–1990, Köln/Weimar/Wien 2013.

André Steiner, Von Plan zu Plan. Eine Wirtschaftsgeschichte der DDR, Berlin 2007.

Bernd Stöver, Der Kalte Krieg. Geschichte eines radikalen Zeitalters, München 2007.

Stefan Wolle, Die heile Welt der Diktatur. Alltag und Herrschaft in der DDR 1971–1989, Berlin 2013.

QUELLENNACHWEIS

Die Darstellung beruht auf der Grundlage von Quellen aus folgenden Archiven:

Archiv des Bundesbeauftragten für die Unterlagen des
Staatssicherheitsdienstes der ehemaligen DDR
Archiv der Bundesstiftung zur Aufarbeitung der SED-Diktatur
Archiv der Humboldt-Universität zu Berlin
Brandenburgisches Landeshauptarchiv
Bundesarchiv
Landesarchiv Berlin
Polizeihistorische Sammlung Berlin
Robert-Havemann-Archiv
Sächsisches Staatsarchiv

ABBILDUNGSNACHWEIS

Archiv Bundesstiftung Aufarbeitung: S. 105u., - Bestand Harald Schmitt: - Bild Schmitt_420 S. 146, - Bild Schmitt_416 S. 171; - Bestand Klaus Mehner: - Bild 77_1104_KUL_DDR-Musik_26 S. 169, - Bild 85_0910_POL_Credit_01 S. 187, - Bild 87_0608_KUL-Musik_03 S. 192, - Bild 87_0527_POL_WP-Abruest_12 S. 194, - Bild 89_1024_POL_Demo_04 S. 225o., - Bild 89_1104_POL-Demo_35 S. 226/227, - Bild 89_1104_POL-Demo_110 S. 228/229, - Bild 89_1109_POL-IPZ_02 S. 233, - Bild 89_1110_POL_DDR-Wende_06 S. 236u., - Bild 89_1110_POL_DDR-Wende_0 S. 237, - Bild 89_1114_POL_VK_9teWP_34 S. 250, - Bild 90_0630_WIF_Konsum_41 S. 266; - Bestand Rosemarie Gentges: Bild 326 S. 202/203; - Bestand Uwe Gerig: - Bild 5015 S. 206, - Bild 5093 S. 238/239, - Bild 6319 S. 242/243; - Vorlass Rainer Eppelmann_Bornholmer_Brücke, Fotografin Wirth S. 235; **Archiv Bürgerbewegung Leipzig, Fotograf: Karl-Heinz Müller**: S. 258; **Archiv Verlag**: S. 27, 71, 136, 154, 185; **Axel Springer Verlag INFOPOOL**: S. 137; **Berlin Story Museum**: S. 97; **Paul Bernharend (Fotograf; Vorlage: Stiftung Haus der Geschichte, Zeitgeschichtliches Forum Leipzig)**: Backcover 2.v.o., S. 67; **BStU**: 69, 70 (2), 74o., 75mr., 80/81o.; **Forschungsinstitut der Deutschen Gesellschaft für Auswärtige Politik, 1987**: S. 38o.; **Fanny Heidenreich**: Autorenfoto; **Landesarchiv Berlin**: -/H. von der Becke S. 76/77, -/Peter Cürlis S. 72u., -/Richard Perlia S. 73ul., -/Bert Sass S. 74u., -/Max Schirner S. 75o., 78/79, -/Gert Schütz S. 73ur., -/Horst Siegmann S. 82, 114u., 115u.; **Peter Leibing, Hamburg**: S. 104; **NARA**: S. 39, 105o., 108o., 109 (2), 110u., 111 (2), 113 (2), 116m., 116u., 117 (2), 118 (2), 119 (3), 124, 129, 240/241; **Photonet.de/ Lehnartz**: S. 106/107; **Polizeihistorische Sammlung Berlin**: Backcover m., S. 44, 52/53, 73m., 75u., 102 (3), 108u., 112, 116o., 200/201, 247; **picture alliance**: - dpa S. 16, - AP S. 115o.; **Presse- und Informationsamt der Bundesregierung**: B 145 Bild-00048987, Christian Seebode S. 216; **Robert-Havemann-Gesellschaft e.V.**: S. 225u., 251, -/Bernd Albrecht S. 189, -/Nikolaus Becker S. 220, 221, -/Aram Radomsky S. 199u., -/Siegbert Schefke S. 191, 224u., -/Hanno Schmidt S. 219, -/Rolf Walter S. 253; **Robert-Havemann-Gesellschaft (Quelle)**: Günter Antrack S. 230u., André Böhm S. 231u., BStU-Kopie Backcover 2.v.u., S. 170, 190, 222, 224o., 231m., Klaus Dombrowsky S. 271, Sergej Glanze S. 230u., Jürgen Hohmuth/zeitort.de S. 236o., Andreas Kämper S. 257, Lutz Mittelbach S. 252, Jürgen Nagel S. 281, Jurino Reetz S. 179, Michael Schroedter/zeitort.de S. 231o., Matthias Weber S. 273, Rolf Zöllner S. 254, 255, 261, Gerald Zörner S. 272u.; **Michael Trippel/laif**: S. 274/275; **ullsteinbild**: S. 37, 89, -/ADN-Bildarchiv S. 133, 199o., 259, 268, -/Alex Waidmann S. 114o., -/amw S. 267, -/AP S. 217, -/Bera S. 182, -/Bohuslav S. 139, -/BPA S. 197, -/Danigel S. 248/249, -/ddrbildarchiv.de/Uhlenhut S. 153o., -/dpa 26, 172, -/Gircke S. 40, -/Herbert Schulze S. 10, -/Klaus Winkler S. 184, -/Lehnartz S. 120, -/Müller-Preisser S. 181, -/Ulrich Baumgarten S. 270; **Erik Weiss**: S. 209; **Wikimedia commons** (unter der Creative Commons-Lizenz CC-BY-SA 2.5 | https://creativecommons.org/licenses/by-sa/2.5/de/): - TUBS S. 15; **Wikimedia commons** (unter der Creative Commons-Lizenz CC-BY-SA 3.0 | https://creativecommons.org/licenses/by-sa/3.0/de/): - anagoria S. 56, - Roehrensee S. 204/205, - Wik1966total S. 215 (2), - NordNordWest S. 269; **Wikimedia commons/Bundesarchiv** (unter der Creative Commons-Lizenz CC BY SA | https://creativecommons.org/licenses/by-sa/3.0/de/): - Bild 183-1982-0413-007, Ulrich Häßler S. 12, - Bild 183-V01850, o.A. S. 21, - Bild 183-R67561, o.A. S. 25, - Bild 183-32584-0002, Erich Höhne S. 35, - Bild 183-W1126-311, Koibe Backcover 1.v.o., S. 41, - Bild 183-S88792, Eva Kemlein S. 42, - Bild 183-S96390, Günther Paalzow S. 55, - B 145 Bild-F000250-0041, o.A. S. 58, - Bild 183-15844-0008, Horst Sturm S. 60, - Bild 183-16892-0005, Illner S. 61, - Bild 183-24320-0002, Heinz-Günter Quaschinski S. 62, - Bild 183-16144-0006, Krueger S. 63u., - Bild 183-18666-0033, Klein S. 68, - Bild 183-40377-0007, Wittig S. 91, - Bild 183-52061-0023, Schmidt S. 94, - Bild 183-57000-0139, o.A. S. 95, - Bild 183-83911-0002, o.A. S. 101, - Bild 183-85458-0001, Heinz Junge S. 110o., - Bild 183-C0304-0091-020, Peter Heinz Junge S. 131, - Bild 183-B0115-0010-027, o.A. S. 135, - Bild 183-F0418-0001-038, Ulrich Kohls S. 141, - Bild 183-11076-0006, Seidel S. 142, - Bild 183-K0614-0006-003, Wolfgang Thieme S. 143, - Bild 183-G0301-0001-009, Friedrich Gahlbeck S. 150o., - Bild 183-M0611-0007, Sigrid Kutscher (verehel. Kubiziel) S. 150u., - Bild 183-K0507-0004-001, Hubert Link S. 151o., - Bild 183-N0621-0017, o.A. S. 151u., - Bild 183-T0519-0006, Erwin Schneider S. 152u., - Bild 183-Z0318-032, Hubert Link S. 152u., - Bild 183-N0331-0028, Joachim Spremberg S. 153u., - Bild 183-U0328-0029, Hartmut Reiche S. 155, - Bild 183-J0814-0008-001, Waltraud Raphael (verehel. Grubitzsch) S. 157, - Bild 183-N0622-0035, Rainer Mittelstädt S. 158, - Bild 183-P1017-0317, Rainer Mittelstädt S. 169, - Bild 183-P0801-026, Horst Sturm S. 160, - Bild 183-R0423-0026, Peter Heinz Junge S. 163, - Bild 183-R1001-0048, Hubert Link S. 164, - Bild 183-1987-0907-13, Rainer Mittelstädt S. 195, - Bild 183-1990-0922-002, Friedrich Gahlbeck S. 223, - Bild 183-1989-1109-030, Thomas Lehmann S. 234, - Bild 183-1990-0210-001, Gabriele Senft S. 264; - Bild 183-1990-1003-036, Bernd Settnik S. 272o.; **Wikimedia commons/Deutsche Fotothek**: S. 31, 66; **Wikimedia commons/public domain**: S. 7, 20, 22, 33, 38u., 45, 63o., 90, 100, 161, 185 (2); **Siegfried Wittenburg**: S. 183

Sollten trotz unserer intensiven Recherche Bildrechte nicht berücksichtigt sein, bitten wir darum, dem Verlag etwaige bestehende Ansprüche mitzuteilen.

DANKSAGUNG

Die Reise ist zu Ende. Ich hatte in den vergangenen sieben Jahren die Freude, mehrere Bücher über einzelne Abschnitte der DDR-Geschichte schreiben zu dürfen. Das hier vorliegende war die logische Konsequenz. Insofern geht mein erster Dank an den Berlin Story Verlag, der mir diese Möglichkeiten bot. Namentlich danke ich Stephanie Hönicke, Norman Bösch und Wieland Giebel sehr herzlich.

Ferner gilt mein Dank den Mitarbeiterinnen und Mitarbeitern in den Archiven und Bibliotheken. Zugleich danke ich all jenen Menschen, die sich als Zeitzeugen bereit erklärt haben, mit mir über einzelne Details oder große Zusammenhänge zu reden. Das hat mir die eine oder andere erhellende (und mitunter amüsante) Stunde beschert.

Dr. Jenni Englert hat das Manuskript sehr sorgfältig gelesen und spürbar verbessert. Danke, liebe Jenni. Ich danke zudem allen Kolleginnen und Kollegen, mit denen ich hilfreiche Gespräche führen durfte, die Teile meiner Ausführungen kommentiert oder mir bei speziellen Fragen geholfen haben. Für Unterstützung und Inspiration sehr verschiedener Art danke ich: Dr. Bärbel Fest, Sylvia Griwan, Fanny Heidenreich, den Monsters und Christoph Wunnicke.

Gewidmet sei das Buch meiner Familie, insbesondere Conrad.